UNSERE GLÜCKs MOMENTE

GESCHICHTEN AUS BONN

Gigi Louisoder

Danksagung
Im Rahmen meiner Recherchen für das Buch habe ich viele Bücher und Artikel gelesen und zahlreiche Gespräche geführt. Mein besonderer Dank gilt deshalb Konstantin Louisoder, Dr. Andreas und Angelika von Block, Dr. Hans-Wolfgang Werner, Gabriele Apicella-Bergner, Jürgen Siewert, Jochen van Üüm, den Mitarbeitern des Bonner Stadtarchivs, Dr. Wolfgang und Erika Gerz, Heidi Corts sowie Dr. Wolfgang Schneider

Literaturverzeichnis

Archiv Botanische Gärten der Universität Bonn
August Macke und Freunde, Verlag August-Macke-Haus
Berühmte und berüchtigte Bonner, Verlag Graphium Press
Bonn-Stadtführung und Geschichte, Bouvier Verlag
Chronik der Villa Hammerschmidt und ihrer Bewohner, Verlag Bastei Lübbe
Generalanzeiger Bonn
Die Rheinaue in Bonn, Mercator Verlag
Stadtarchiv Bonn, Godesberger Amtsblätter Jahreshefte 1989 und 2004, Signatur SN 1/296

1. Auflage 2020

Umschlaggestaltung: r2 | Ravenstein, Verden
Layout: r2 | Ravenstein, Verden
Satz: Christiane Zay, Potsdam
Druck: Druckerei Zimmermann Druck + Verlag GmbH, Balve
Buchbinderische Verarbeitung: Buchbinderei S. R. Büge, Celle

ISBN: 978-3-8313-3325-7

INHALT

VORWORT

Bonn hatte das Glück, Hauptstadt der Bundesrepublik Deutschland zu werden, und hatte das Glück, mit dem Umzug der Regierung nach Berlin reichlich beschenkt zu werden. Wer aber wirklich verstehen will, warum diese Stadt am Rhein außergewöhnlich und romantisch, so einmalig und weltoffen ist, muss mehr ihrer besonderen Glücksmomente kennen.

Jahrzehntelang wurde die Stadt im In- und Ausland nur als provisorischer Regierungssitz wahrgenommen. Ein Fehler, denn Bonn konnte schon immer viel mehr als Politik. Und bis heute strahlt die Stadt eine einzigartige Atmosphäre aus, die bereits Ludwig van Beethoven beflügelte. Dass gleich zwei Weltkonzerne und die UN ihren Sitz in einer beschaulichen Stadt mit rund 320.000 Einwohnern haben, ist fast einmalig.

Es ist ein großes Glück, dass es in Bonn bahnbrechende, nachhaltige, prägende und historische Momente gab und gibt. Bonn ist reich an spannenden, teils vergessenen und interessanten Geschichten. So stößt man in Bonn auf eine medizinische Sensation, engagierte und selbstlose Retter, vergessene Traditionen, waghalsige Bürger, innovative Ideen, einzigartige Museen, blühende Wahrzeichen, einmalige Sportereignisse und eine weltbekannte Köstlichkeit.

50 Jahre als Hauptstadt sind Geschichte, aber die Ereignisse aus dieser Zeit und davor prägen bis heute das Leben in Bonn. Wenn Sie meinen, Glück hätte keine genaue Adresse und würde nicht in einer Stadt haltmachen, dann lesen Sie dieses Buch.

Ihre Gigi Louisoder

1

450 KALORIEN GENUSS

Jeder kennt sie. Die meisten mögen sie. Sie ist ein süßes und beliebtes Wahrzeichen aus Deutschland und weltweit bekannt – die Schwarzwälder Kirschtorte. Eine Sahnetorte aus einem Biskuitteig, Sahne, Kirschen und Kirschwasser, nach dem stets gleichen Rezept hergestellt. Und genauso lange wird über den Entstehungsort dieser Torte gestritten und diskutiert. Fest steht aber, dass diese weltberühmte Sahnetorte zum ersten Mal in einem Bad Godesberger Café serviert wurde. Wie kam es dazu?

Der Tübinger Konditor Josef Keller (1887–1981) arbeitete 1915 im damaligen Prominentencafé „Agner" in Bad Godesberg. Keller kam gebürtig aus Riedlingen an der Donau und ging nach seiner Lehre auf Wanderschaft, die ihn schließlich nach Bad Godesberg führte. Dort wurde er am 1. Mai 1915 in das Landsturm-Infanteriebataillon Bonn einberufen. Es wird vermutet, dass er aus Altersgründen, er war 28 Jahre alt, in einer Feldbäckerei eingesetzt wurde. Der Bad Godesberger Konditor Eugen Agner wurde zur gleichen Zeit in Kellers Bataillon eingezogen. Die Männer freundeten sich an und nach Dienstschluss arbeitete Josef Keller in der Backstube von Eugen Agner. Das Café Agner war ein beliebter Treffpunkt der Bonner Studenten. Statt Kuchen bestellten sie zur Erfrischung Kirschen mit Sahne. Lecker, aber sehr einfach. „Daraus müsste sich etwas Tortenähnliches machen lassen!", dachte sich wohl Josef Keller und begann zu experimentieren. Das Ergebnis konnte sich sehen lassen. Eine Torte aus einer Schicht Mürbe-

teig, belegt mit Kirschen und Sahne, verfeinert mit einem Schuss Schwarzwälder Kirschwasser und Schokostreuseln. Das war die erste Schwarzwälder Kirschtorte.
Jetzt könnte man annehmen, dass die bekannteste Torte Deutschlands zweifellos erstmalig in Bonn hergestellt wurde. Aber so einfach wollten die Tübinger Stadtväter den Bonnern diese köstliche Erfindung nicht überlassen. So stießen sie in ihren Archiven auf eine ganz andere Geschichte. Sie fanden nämlich Unterlagen, aus denen hervorgeht, dass der Tübinger Konditormeister Erwin Hildenbrand die Schwarzwälder Kirschtorte 1930 erfunden habe. Es gibt sogar ein Foto, das Hildenbrand zeigt, wie er 1936 eine Schwarzwälder Kirschtorte herstellt. Aber ist er wirklich der Erfinder?
Belegt ist, dass sich Josef Keller nach dem Krieg mit seiner Frau und seinem Rezeptbuch in den Schwarzwald zurückzog. In Radolfzell übernahm er ein Café. Dort verfeinerte er im Laufe der Jahre die Rezeptur seiner Schwarzwälder Kirschtorte. Sie wurde zweischichtig und statt Mürbeteig verwendete Keller einen lockeren Biskuitboden. Jahre später schenkte Josef Keller seinem ehemaligen Lehrling August Schäfer das Rezeptbuch mit der Backanleitung. Seitdem ist es im Besitz der Triberger Konditorei Schäfer und damit der Beweis, dass Josef Keller diese Torte bereits in Bad Godesberg hergestellt hatte. Und trotzdem musste sich Josef Keller bis zu seinem Tod 1981 gegen die Behauptung wehren, er wäre nicht der Erfinder dieser köstlich erfrischenden Sahnetorte gewesen.
Diese Torte ist nicht nur weltweit bekannt. Kuchenfans in aller Welt feiern sogar jährlich am 28. März ihr zu Ehren den National Black Forest Cake Day – den Tag der Schwarzwälder Kirschtorte. Um den Streit um die Urheberschaft dieser berühmten Torte zu klären, befragte 1975 eine Fachzeitschrift für Bäcker und Konditoren ihre Mitglieder und Leser, ob sie den Erfinder

der Schwarzwälder Kirschtorte kennen würden. Die Antwort war eindeutig. Einige Konditoren erklärten sich zunächst als Urheber dieser Torte. Als jedoch Josef Keller seine Geschichte in der Zeitschrift veröffentlichte, galt er auch in Fachkreisen als der unbestrittene Erfinder dieser sahnigen Spezialität.

Letztendlich war es aber der Stadtarchivar Achim Fenner aus Radolfzell, der nach gründlichen Recherchen zu der Erkenntnis kam, dass Josef Keller als Erster diese Torte kreiert hatte. Eine rechtmäßige Anerkennung auf die Herstellung und Zutatenverwendung seiner Kirschtorte hat Josef Keller nie beantragt. Deshalb sind Bezeichnung und Verarbeitung der „Schwarzwälder Kirschtorte" nicht geschützt. Und daher kommen die Tortenstücke oft abgewandelt auf den Kuchenteller.

Sehr viel später hat das Amtsgericht in Mainz festgelegt, welche Zutaten nach dem Originalrezept für diese Torte verwendet werden müssen. Man nehme: Frische Sauerkirschen, einen lockeren Biskuitboden, mindestens fünf Prozent Schwarzwälder Kirschwasser im Sahneanteil und keine chemischen Geschmacksverstärker. So ist es auch im Originalrezept von Josef Keller vermerkt.

Nur dann ist es eine Schwarzwälder Kirschtorte und ein Stück Glück aus der Geburtsstadt Bad Godesberg.

2

AUF DEN HUND GEKOMMEN

Wenn es jemand schlecht geht, ist er auf den Hund gekommen, heißt es. Falsch. Schwedische Forscher haben die Gesundheitsdaten von drei Millionen Männern und Frauen im Alter zwischen 40 und 80 Jahren ausgewertet. Sie wollten herausfinden, welche Faktoren, Gewohnheiten oder Lebensumstände sich positiv auf die eigene Gesundheit auswirken. Sie kamen zu folgendem Ergebnis: Hundebesitzer haben ein geringeres Risiko für Herzinfarkte und andere Herz-Kreislauf-Erkrankungen als Personen ohne den besten Freund des Menschen. Signifikant war das positive Ergebnis dieser Studie bei alleinstehenden Menschen. Also einer von vielen Gründen für einen Hund. „Das Verhältnis zum Tier spiegelt den Entwicklungsstand unserer Menschlichkeit", hatte bereits Mahatma Gandhi festgestellt. Was für ein Glück, dass 1881 der Deutsche Tierschutzbund e. V. gegründet wurde, mit der Aufgabe, die Lage und das Leben der Tiere zu verbessern. Zu diesem Zweck wurde beschlossen, Tierschutzvereine und Tierheime in Deutschland in einer Dachorganisation zusammenzufassen.

Der Verein mit der Bundesgeschäftsstelle im Stadtteil Dottendorf ist Europas größte Tier- und Naturschutzdachorganisation und vertritt die Interessen von mehr als 800.000 Tierschützerinnen und Tierschützern aus allen Teilen Deutschlands. Denn – so der Verband – jedes Tier hat Anspruch auf Unversehrtheit und ein artgerechtes Leben. Und Tierschutz ist kein Hobby,

keine Liebhaberei, sondern ist moralische Pflicht. „Tiere sind unsere Mitgeschöpfe, denen wir eine Stimme geben", erklärt der derzeitige Präsident Thomas Schröder. Als wichtigste Aufgabe sieht Schröder, Tiere vor Leiden, Schmerzen und Angst zu bewahren. Daher kämpft der Verband u. a. für die Einhaltung und Verbesserung der rechtlichen Grundlagen des Tierschutzes. Ziel ist es, die Lebensbedingungen der Tiere zu verbessern, aber nicht nur in Privathaushalten, sondern auch in der Landwirtschaft, in der Forschung, in Tierparks, in Zirkussen und in der freien Natur. Eine große Aufgabe. Damit der Tierschutz heute mehr Einfluss und Gehör in der Politik und der Gesellschaft findet, hat der Verband seit 2008 ein Büro in Berlin.
„Denn der Tierschutz muss gleichberechtigt neben den übrigen politischen Zielen wie Wirtschaft, Umwelt, Forschung oder Soziales stehen. Auf der ganzen Welt leben Tiere, die in Not sind und Hilfe benötigen", so der Tierschutzbund. Die Bonner Organisation setzt sich dafür ein, dass mit tiergerechten Konzepten das Leid vieler Straßenhunde und -katzen verringert wird. „Es wird die Zeit kommen, da das Verbrechen an Tieren ebenso geahndet wird wie das Verbrechen an Menschen", sagte schon Leonardo da Vinci.
Die Koordination dieser vielfältigen Aufgaben, die der Deutsche Tierschutzbund auf nationaler und internationaler Ebene zum Beispiel in Brüssel wahrnimmt, wird innerhalb der Bundesgeschäftsstelle in Bonn organisiert. Seit 2013 vergibt der Verein auch ein Label unter dem Namen „Für mehr Tierschutz" heraus. Damit erhält der Verbraucher die Gewissheit, dass sein Produkt von Tieren stammt, die unter besseren Bedingungen lebten und artgerecht gehalten wurden. Wichtig sind auch die Kooperationen mit anderen Tierschutzvereinen. Der gemeinsame Aufbau von Tierschutzprojekten in Europa hilft, höhere Tierschutzstandards international durch-

zusetzen. Für diese Aufgaben und Ziele arbeiten rund 150 Mitarbeiter, davon 65 allein in Bonn mit ihren 27 Hunden, die täglich ihre Besitzer zur Arbeit begleiten. Die Anzahl der Hauskatzen der Mitarbeiter ist leider nicht bekannt.
Jeder kann sich an den Deutschen Tierschutzbund wenden, wenn er Tipps zur Haltung von Hund, Katze, Meerschweinchen, Kaninchen und Co. erfahren möchte. Außerdem klären die Mitarbeiter auf, warum exotische Tiere wie Schlangen und andere Reptilien in privater Hand nicht artgerecht gehalten werden können. Der Tierschutzbund berät Besitzer von Haustieren bei Umzügen, Scheidungen und der Urlaubsplanung. Und wer einem Tier ein neues Zuhause geben möchte, „sollte sich zuerst beraten lassen und dann ins Tierheim gehen", meint der berühmte Hundetrainer Martin Rütter.
Aktuell liegt der Arbeitsschwerpunkt des Vereins in der Verbesserung der Bedingungen in der Schweinehaltung. Weg von der engen Stallhaltung, hin zu mehr Platz und Auslauf im Freien. Außerdem setzt sich der Verein für alternative Methoden ein, um Versuche mit aktuell rund drei Millionen Tieren langfristig zu ersetzen. Ein Dauerproblem ist die Finanzierung der Tierheime. Jedes zweite hat mit wirtschaftlichen Problemen zu kämpfen, erklärt der Deutsche Tierschutzbund. Neben rückläufigen Spenden sehen die Tierschützer die Hauptursache auch bei den Kommunen, die für streunende oder ausgesetzte Tiere, die die Tierheime aufnehmen, nicht mehr zahlen wollen.
Die städtischen Behörden sehen das anders. „Fundtiere sind nur Tiere, die verloren gegangen sind", betont Anne Wellmann, Referentin für Ordnungsrecht beim Städte- und Gemeindebund Nordrhein-Westfalen. „Weder ausgesetzte noch herrenlose Tiere fallen darunter", so ihre Begründung. Sich um diese Tiere zu kümmern, sei deshalb keine kommunale Aufgabe,

sondern eine des Tierschutzes. Daher gibt es keine finanzielle Unterstützung für die Tierheime. Sie sind sprichwörtlich auf den Hund gekommen. Doch dank Fördermitteln, Spenden und Erbschaften kommt der deutsche Tierschutzbund zurecht.
Eines ist den Bonner Tierschützern sehr wichtig: Tierliebe fängt beim Essen an. Deshalb sollte beim Einkauf von Fleisch, Fisch, Milch und Eiern auf die Herkunft geachtet werden.
Und wer meint, Glück könne man nicht anfassen, hat noch nie ein Tier gestreichelt.

3

BONN TRAUT SICH

Sie möchten in Bonn heiraten? Mit diesem Wunsch sind Sie nicht alleine. Jedes Jahr geben sich über 1000 Paare in dieser Stadt das Ja-Wort. Das ist kein Zufall, denn die ehemalige Hauptstadt bietet für den Bund des Lebens sagenhaft romantische und außergewöhnliche Ideen, Möglichkeiten und Orte. Sogar für prominente Brautpaare hat Bonn den perfekten Rahmen für den Start in das gemeinsame Leben. Ob abenteuerlich, skurril oder pompös, die unzähligen Angebote lassen keine Wünsche offen. Für jeden Geschmack ist etwas dabei, damit die Hochzeit zum schönsten Tag im Leben wird.

In Bonn traut man sich auf alle nur erdenklichen Arten. Zum Beispiel hoch über den Wolken. Wer sich ganz nah bei Wolke 7 das Ja-Wort geben möchte, kann einen Hochzeitsflug in Sankt Augustin inklusive Rundflug buchen. Aber Vorsicht, nur fünf Personen können an diesem Höhenflug teilnehmen.

Wer sich nicht so hoch hinaus traut, sondern lieber sein Glück unter Wasser heiraten möchte – kein Problem. Das Hallenbad Monte Mare bietet nasse Hochzeitszeremonien an. Mit einem Fingerzeichen wird der Bund des Lebens geschlossen. Gemeinsam mit einem Fotografen und dem Standesbeamten geht es im Taucheranzug auf zehn Meter Tiefe hinunter. Dafür benötigt das Brautpaar neben den amtlichen Heiratspapieren nur einen gültigen Tauchschein. In der Zwischenzeit kann die Hochzeitsgesellschaft im Hallenbad abtauchen.

Brautpaare, die lieber auf statt unter dem Wasser heiraten möchten, wählen bei der Bonner Personenschifffahrt unter vier

Schiffen ihr Traumschiff aus. Stimmungsvoll und sehr gemütlich fährt das Brautpaar auf dem Rhein in den Hafen der Ehe, vorbei an Burgen, Schlössern und Weinbergen. Romantik pur.
Wie im Märchen kann sich eine Hochzeitsgesellschaft auf Schloss Drachenburg fühlen. Der herrliche Schlosspark und der grandiose Blick bis nach Köln ist an Romantik kaum zu übertreffen. Für heimatverbundene Paare öffnet sogar das Heimatmuseum in Beuel seine Türen. Heiraten während des Karnevals? Kein Problem! Eine Eheschließung auf dem Prinzenwagen mit der ganzen Hochzeitsgesellschaft bietet das Haus des Karnevals heiratswütigen Jecken an. Dass die Ehe ein Drahtseilakt sein kann, ist bekannt. Virtuos und humorvoll kann die Hochzeitsgesellschaft dieses Kunststück im Varieté Theater GOP hautnah miterleben.
Ruhig und gediegen sind hingegen die Feiern im Bonner Stadtteil Bad Godesberg. Oben auf dem Wachholder steht das prächtige Anwesen Stella Rheni mit einem großartigen Blick auf das sagenumwobene Siebengebirge. In einem 25 Meter hohen Kuppelsaal mit Mosaikfliesen, Marmorsäulen und Stuckdecken wird der schönste Tag im Leben eines Brautpaars zu einem unvergesslichen Erlebnis. Wer lieber staatstragend feiern möchte, findet im „Weißen Haus" am Rhein, auch bekannt als zweiter Amtssitz des Bundespräsidenten, einen einzigartigen historischen Ort für den Bund des Lebens.
Für eine besonders glanzvolle Hochzeitfeier eignet sich das Grandhotel Petersberg. Hier darf alles etwas größer und pompöser sein. Mit einer eigenen Kapelle, einem Hubschrauberlandeplatz und Honey-Moon-Suiten ist es der ideale Platz für prominente Paare. Hoch über dem Rheintal versprach der ehemalige Fomel-1-Fahrer Michael Schumacher 1995 seiner Corinna die ewige Treue. Aber ganz so einfach war es auch für den prominenten Rennfahrer nicht, hier oben Gottes Segen

zu erhalten. Hätte sich nicht der damalige Kanzler Helmut Kohl höchstpersönlich eingeschaltet, wäre wohl aus einer kirchlichen Hochzeit nichts geworden. Der zuständige Priester verweigerte nämlich zunächst die kirchliche Trauung in der hauseigenen Kapelle hoch über dem Rhein. Dank Kohl gab es aber am Ende ein Happy End für das prominente Brautpaar. Inspiriert von diesem medialen Event heiratete vor einigen Jahren TV-Sternchen Daniela Katzenberger ihren Lucas Cordalis, Sohn des Schlagersängers Costa Cordalis, im ehemaligen Gästehaus der Bundesrepublik Deutschland. Die Trauungszeremonie fand komplett im Hotel statt, die kleine Kapelle blieb ihnen verschlossen. Sie alle waren nicht die einzigen Promis!

Der ewige Heiratsmuffel Harpe Kerkeling gab seinem Partner Dirk ganz klassisch und traditionell im Alten Rathaus am Marktplatz das Jawort. Gefeiert wurde anschließend in der Remise, einem edlen, sehr extravaganten Restaurant im ehemaligen Bundesviertel. Zu den bekanntesten Bonnern gehört das Comedy-Paar Bill Mockridge und Margie Kinsky. Mockridge, bekannt aus der TV-Serie Lindenstraße, lernte als junger Mann seine Margie in Bonn kennen und lieben. Sie sind bis heute sich und der Stadt am Rhein treu geblieben.

Etwas überraschend, aber für Bonn nicht untypisch ist, dass der amerikanische Schauspieler und Sänger David Hasselhoff sein erstes Date mit seiner jetzigen dritten Frau, Hayley Roberts, in Bonn hatte. „Die Stadt hat mir Glück gebracht. Es war Liebe auf den ersten Blick", erklärt er freudestrahlend.

Ehen werden nicht im Himmel geschlossen, aber sich in Bonn zu verlieben und zu heiraten, das kommt dem Himmel und dem Glück auf Erden sehr nahe.

4

DAS BLÜHENDE WAHRZEICHEN

Denkt man heute an Bonn, dann denkt man nicht nur an die bekannten Wirtschafts- und Wissenschaftseinrichtungen oder die internationalen Organisationen, sondern auch an den herrlichen rechts- und linksrheinischen Auenpark, der seit 2017 unter Denkmalschutz steht. Die Rheinaue ist viel mehr als nur ein grüner Fleck mitten in Bonn. Sie erstreckt sich immerhin bis auf das gegenüberliegende rechte Rheinufer. Der unberührte Auwald und die weite Grünfläche erblühten im Laufe der Jahre zu einer außergewöhnlichen Parklandschaft. Die terrassenförmige Gestaltung der Parkanlage, die bis an das Rheinufer reicht, ermöglicht dem Besucher einen grandiosen Weitblick. Den Architekten gelang es, die riesige Grünfläche nahtlos mit der Innenstadt und den Rheinpromenaden von Bonn, Bad Godesberg und Beuel zu verbinden.

Seit 1949 baute die Stadt am Rande dieser freien Naturfläche das neue Regierungsviertel mit Ministerien und Behörden. Um die verbliebene Grünfläche von rund 160 ha als Naherholungsgebiet zu retten, bewarb sich die Stadt 1979 erfolgreich um die Ausrichtung der Bundesgartenschau. Die bekannten Münchner Landschaftsarchitekten Gottfried und Anton Hansjakob gestalteten aus der bewaldeten Brachlandschaft in der jungen Bundeshauptstadt zunächst das Gelände für die Bundesgartenschau. Nach deren Rückbau komponierten sie einen frei zugänglichen Bürgerpark mit zahlreichen Freizeitangeboten.

Der viel besungene Rhein und das romantische Siebengebirge umrahmen nun diesen Park. Es ist das Panorama einer Landschaft entstanden, das es in Deutschland nicht ein zweites Mal gibt. Das ausgebaute und abwechslungsreiche Wegenetz ist stolze 45 Kilometern lang und das in einem Park, der so groß ist wie die Bonner Innenstadt.

Die saisonalen Flohmärkte in der Rheinaue zählen zu den größten in Deutschland. Rund 1500 Händler bauen ihre Stände auf. Das jährliche Rheinkultur-Festival ist das größte „Umsonst und draußen"-Musikevent in Deutschland. Jedes Jahr zieht am ersten Maiwochenende das Feuerwerk- und Lichtspektakel Rhein in Flammen hunderttausende Besucher in die Rheinaue. Hauptattraktion ist ein künstlich angelegter Auensee mit sechs Pontonbrücken. Wer möchte, kann ein Tretboot ausleihen oder auf dem sogenannten Schiffchensee sein Modellboot fahren lassen. Im oberen Park befinden sich breite Spazierwege, der Japanische Garten, Kinderspielplätze, ein Wasserfall, der Bismarckturm, ein indianischer Totempfahl, ein Mammutbaum-Segment aus Kalifornien, der Rosengarten, zwei Restaurants und das Beethoven-Denkmal.

Eine Besonderheit ist der Blindengarten mit hübsch angelegten Hochbeeten, mit denen sich die üppige Pflanzenwelt des Parks riechen, ergreifen und begreifen lässt. Und in der Mitte steht der beeindruckende Blindenbrunnen des Künstlers Richard Engels. Er hat seine eigene Geschichte. Die riesige Skulptur stellt einen Elefanten mit verschiedenen menschlichen Figuren dar. Jede von ihnen betastet neugierig einen anderen Körperteil – den Rüssel, das Bein, den Schwanz, das Ohr oder den Bauch. Richard Engels bezieht sich auf eine Erzählung von einem König, der sich von Blinden den Elefanten beschreiben ließ. Jeder von ihnen machte eine andere Erfahrung und hatte ein anderes, sehr eigenes Bild vom Aussehen dieses Tieres. Jeder war überzeugt, dass sein Eindruck, seine tastenden Hände die Wahrheit fühlen. Und genauso ist die Rheinaue für jeden Menschen etwas anderes. Sie bietet Abwechslung, Erholung oder Unterhaltung – eine Oase für die Sinne, ein grünes Herz und ein besonderer Glücksfall für die Stadt.

Die Wahrheit ist aber auch, dass sich wohl vieles ganz anders entwickelt hätte, wenn Bonn nicht 40 Jahre lang Hauptstadt gewesen wäre. Aber das ist eine andere Geschichte.

5

DAS HOTEL DER PRÄSIDENTEN

So bekannt wie der Elysée-Palast in Paris oder das Weiße Haus in Washington ist die Villa nicht. Trotz der weitläufigen Rasenfläche mit Fontäne, den uralten ausladenden Bäumen, der Nibelungengrotte, dem Blick auf das romantische Siebengebirge und den Rhein. Und dennoch war die Villa Hammerschmidt weltberühmter Schauplatz der Weltpolitik und vierzig Jahre lang die Adresse der Mächtigen. Es ist die Geschichte des Zuckerfabrikanten-Schlosses, das zum Weißen Haus am Rhein wurde.

Alles begann mit dem Kaufmann Albrecht Troost. 1862, Troost war gerade mal 38 Jahre alt, Privatier und vermögend, kaufte er in der Coblenzerstraße 47 ein Baugrundstück und ließ eine großzügige Villa im klassizistischen Stil errichten. Bereits nach zehn Jahren verkaufte er das Anwesen Hals über Kopf, nachdem seine Frau Jenny sich im Rhein das Leben genommen hatte. Glücklicherweise war in dieser Zeit gerade der kaiserliche russische Staatsrat Leopold Koenig mit seiner Frau Caroline auf dem Weg an die Riviera. Bei einem Zwischenstopp in Bonn erholte sich seine asthmakranke Frau in dem milden Klima so gut, dass er beschloss, sich hier niederzulassen und diese Villa für seine Familie zu kaufen. Zehn Jahre später ließ Koenig die weiße Villa durch den berühmten Architekten Otto Penner nach seinen Vorstellungen umbauen und erweitern.

1899 hörte der Geheime Kommerzienrat Rudolf Hammerschmidt von der Möglichkeit, eine herrschaftliche Villa mit 50.000 qm Parklandschaft in Bonn zu erwerben. Der Textilindustrielle aus St. Petersburg plante seit Längerem, von Bielefeld an den romantischen Rhein zu ziehen. Und Koenig verkaufte ihm das Zuckerbäckerschloss mit dem gesamten Mobiliar und den Kunstschätzen für 700.000 Reichsmark. Zwei Jahre später zog die Familie in das umgebaute und neu eingerichtete Palais am Rhein. Seitdem wird das herrschaftliche Anwesen Villa Hammerschmidt genannt und wurde rasch zum gesellschaftlichen Mittelpunkt Bonns.

Nach dem Tod Hammerschmidts 1922 erwies sich die Villa für seine Witwe Lili als zu groß. Sie entschied sich sechs Jahre später, aus der Villa auszuziehen und quartierte sich als Dauergast in Bonns Sterne Hotel Königshof ein. Sie starb 1943. Ihr Schwiegersohn Ernst Poensgen verkaufte nach ihrem Auszug alle Kunstschätze und vermietete das gesamte Anwesen mit all seinen Nebengebäuden. Die Räume im Haupthaus wurden zu einzelnen, unterschiedlich großen Wohnungen umgebaut. Bei den neuen Mietern handelte es sich vornehmlich um Universitätsprofessoren, Ärzte und Unternehmer.

Von den verheerenden Luftangriffen im Zweiten Weltkrieg blieb die Villa Hammerschmidt wie durch ein Wunder verschont. Die Mieter durften nach Kriegsende nicht in der Villa bleiben, obwohl in Bonn eine extreme Wohnungsnot herrschte. 1945 beschlagnahmten Besatzungsmächten das Anwesen und der belgische Kommandant Générale Piron bestimmte die Villa zu seiner Residenz.

Am 5. April 1950 erwarb die Bundesrepublik Deutschland den gesamten Grundbesitz, bestehend aus der vermieteten Villa, den Nebengebäuden und dem Park, von den Erben Rudolf Hammerschmidts. Der Deutsche Bundestag beschloss, die prächtige und unbeschädigte Villa Hammerschmidt zum Amts- und Wohnsitz des Bundespräsidenten auszubauen. Dieser Kauf erwies sich für die junge Bundesrepublik als Glücksfall. Mit der repräsentativen, aber doch bescheidenen Villa am Rhein konnten sich Bürger und Politiker gut identifizieren. Prunk entsprach nicht dem Zeitgeist. Daher ließ der erste Bundespräsident Theodor Heuss (1949–1959) die beiden auffälligen Türmchen und einige Statuen an der Fassade der Villa entfernen. Ebenso verschwanden die Figuren der Nibelungengrotte, die Rheintöchter Wellgunde, Woglinde, Floßlinde und der Zwerg Alberich. Als Kunsthistoriker und Ästhet konnte sich Theodor Heuss sowieso nicht mit den Zuckerbäckerverzierungen an dem Gebäude anfreunden.

Im Parterre befanden sich nun die offiziellen Amts- und Repräsentationsräume und im ersten Stock die Wohnung des Präsidenten. Am Nordrand des Grundstückes wurde ein schlichter Zweckbau errichtet und das Bundespräsidialamt untergebracht. „Es ist besser, Adenauer näher zu sein als dem lieben Gott", sagte Heuss ironisch, als er aus Bad Godesberg in das Bonner Regierungsviertel umzog.

Theodor und Elly Heuss wohnten und arbeiteten nur zwei Jahre gemeinsam in der Bonner Villa. 1952 verstarb Elly Heuss. Vor ihrem Tod bat sie ihre Schwägerin, die Witwe des ältesten Bruders ihres Mannes, ihre Stelle als First Lady einzunehmen. Bescheiden und diplomatisch füllte Hedwig ihre neue Aufgabe neben ihrem Schwager, dem Bundespräsidenten, aus.

Für Heinrich Lübke (1959–1969) und seine Frau stand hingegen fest, dass sie die Villa Hammerschmidt nur als Amtssitz nutzen würden. Heinrich und Wilhelmine Lübke wollten aus ihrem Haus am Haager Weg nicht ausziehen. Tagtäglich fuhr das Paar gemeinsam um 9 Uhr mit einem Chauffeur an den Rhein zur Arbeit. In den Räumen der Villa veränderten sie überhaupt nichts.

Der erste sozialdemokratische Bundespräsident Gustav Heinemann (1969–1974) und seine Frau Hilda gaben ihrem neuen Wohnsitz eine andere, fröhlichere Note. Die Wände wurden weiß gestrichen, moderne Lampen und Kronleuchter erhellten die Amtsräume und die Stühle, Sofas und Sessel erhielten bunte Stoffbezüge. Es wurde ein Bechstein-Flügel angeschafft und im Garten ein überdachtes Schwimmbad gebaut. Die Heinemanns fühlten sich in der neu gestalteten Villa Hammerschmidt sehr wohl.

Die Familie Scheel wohnte mit drei Kindern in einem Einfamilienhaus auf dem Venusberg, als Walter Scheel 1974 zum vierten Bundespräsidenten gewählt wurde. Die Familie zog bis 1979 in die große Villa an den Rhein. Walter Scheel ist es zu verdanken, dass das Anwesen in seiner ursprünglichen Form erhalten wurde. Er verhinderte den geplanten Um- und Ausbau. Die Villa sollte ein bürgerliches Haus bleiben, in dem der erste Mann des Staates mit seiner Familie erfolgreich arbeiten und angenehm wohnen konnte. Kein großer Luxus. Nur im Außenbereich und im Garten ließ er einige Veränderungen und Korrekturen durchführen.

Das Ehepaar Carstens zog es vor, weiterhin im nahe gelegenen Meckenheim zu wohnen, denn während der Amtszeit von Karl Carstens (1979–1984) unterhielt seine Frau Veronica, wie in den Jahren zuvor, in ihrem Haus eine Kassenarztpraxis mit Ausrichtung auf Naturheilkunde. So wurde die Villa Hammerschmidt wieder nur der Amtssitz für den Bundespräsidenten mit einem Büro für seine Frau.

In der Amtszeit von Richard von Weizsäcker (1984–1994) verwandelte dessen Frau Marianne die Villa und den Park in einen repräsentativen Ort. Die Räume wurden in zarten Pastelltönen gestrichen, die Parkettböden restauriert und Gemälde der bekanntesten deutschen Maler wie Max Ernst, Paul Klee oder

Max Beckmann aufgehängt. Wie bei ihren Vorgängerinnen war ihr Arbeitstag mit Post, Schirmherrschaften und der Ausrichtung von Staatempfängen, Jubiläen oder Geburtstagsfeiern ausgefüllt. Nach der Wiedervereinigung 1990 entschied Richard von Weizsäcker vier Jahre später, den Amtssitz des Bundespräsidenten endgültig nach Berlin zu verlegen. Damit endete für die Villa Hammerschmidt eine historische Zeit.

Staatsmänner, Monarchen, Politiker, Industrielle und Künstler gingen in der Villa Hammerschmidt über 40 Jahre ein und aus. Sie alle konnten den gediegenen Luxus, die Lage in einem herrschaftlichen Park, den Blick auf das Siebengebirge und den majestätisch dahinfließenden Rhein genießen. Das Weiße Haus am Rhein war jahrzehntelang der Mittelpunkt erfolgreicher Politik in Deutschland.

Und es ist ein Glücksfall, dass der erste Bürger des Staates diese Villa inzwischen als zweiten Amts- und Wohnsitz nutzt. Damit es ein Bürgerhaus bleibt, gestattet der Bundespräsident Brautpaaren, am glücklichsten Tag ihres Lebens in seinen Amtsräumen zu heiraten und zu feiern.

6

DER UNBEKANNTE RETTER

Es gibt Heldentaten, die werden wieder und wieder erzählt und manchmal sogar niedergeschrieben. Und es gibt Helden, deren Taten unentdeckt bleiben und vergessen werden. Sicher, in Bonn weiß jeder, dass das Beethoven-Haus nach einem Bombenangriff 1944 gerettet wurde. Aber wer kennt die Geschichte des bescheidenen Retters Franz Rademacher, der eingriff, um das Geburtshaus des berühmtesten Komponisten der Welt für die Nachwelt zu erhalten? Kaum jemand. Zum Glück verfasste Rademacher einen genauen Bericht, den er für den Leiter des Bonner Stadtarchivs Dietrich Höroldt und den damaligen Vorsitzenden des Beethoven-Hauses, den Bankier Hermann Josef Abs, verfasste. Zur Erinnerung und zur Klarstellung der Fakten, nicht etwa, um als Held gesehen zu werden. Obwohl Franz Rademacher das verdient hätte, denn am 18. Oktober 1944 hat er nicht nur für Bonn, sondern für die gesamte Musikwelt eine Heldentat vollbracht. Der Bericht ist subjektiv, wie kann es anders sein? Der Brief von 1944 liegt im Original im Beethoven-Haus und ist als Kopie im Stadtarchiv einsehbar.

Der Fliegerangriff, der vor allem große Teile der Altstadt mit einer Unzahl von Spreng- und Brandbomben in Schutt und Asche legte, begann vormittags um halb elf Uhr und dauerte etwa eine halbe Stunde. Eine gute Stunde später ist Bonn nicht mehr das, was es war. Die Altstadt mit ihren romantischen mit-

telalterlichen Gassen, der Bereich zwischen Altem Zoll und der Rheinbrücke waren völlig niedergebrannt.
15 Minuten später lagen bereits die ersten Schadensmeldungen vor. Zwischen Weberstraße, entlang der Bahngleise, in der Gangolfstraße, auf dem Münsterplatz, in der Remigiusstraße und im Rosental brannte es lichterloh. Die Universität und die Krankenhäuser waren zerstört. Am Rheinufer riss ein Feuersturm die fliehenden Menschen um. Gegen Mittag kämpften rund 1600 Feuerwehrmänner gegen das Inferno an. Erst in den frühen Morgenstunden des nächsten Tages wurde Entwarnung geben.
Nach dem Bombenangriff war Franz Rademacher auf dem Weg in die Stadt. Als er von der Poppelsdorfer Allee aus die brennende Altstadt vor sich sah, beschloss er spontan, bei der Rettung der kunst- und kulturgeschichtlichen Baudenkmäler zu helfen. Auf der Hofwiese sah er Flammen aus dem Dach des akademischen Kunstmuseums schlagen. Zum Glück versuchten bereits die beiden Professoren Delbrueck und Langlotz mit Wassereimern das Feuer zu löschen. Und erneut ertönte Fliegeralarm. Der einzige Schutzbunker in dieser Gegend war im Keller des Museums untergebracht, in den sich Franz flüchtete. Dicht gedrängt warteten die Menschen auf die Entwarnung. Aber alles blieb still. Kein Flugzeug war zu hören. Deshalb entschied sich Franz, den Schutzraum zu verlassen und weiter in Richtung Münster zu gehen. Es fiel ihm schwer, an den brennenden Häuserzeilen vorbeizukommen. Die Feuer wüteten so heftig, dass sich hinter ihm regelrecht eine Feuerwand bildete. Das alte Rathaus war bereits völlig niedergebrannt. Bei diesem verheerenden Anblick musste er an das Beethoven-Haus denken. Aus Sorge, es könnte vielleicht schon in Schutt und Asche liegen, machte er sich auf den Weg dorthin.

Es muss ungefähr 12 Uhr gewesen sein, als Franz vor dem Geburtshaus des berühmtesten Sohnes der Stadt stand. Äußerlich schien es unbeschädigt zu sein, aber das angrenzende nördliche Nachbarhaus brannte bereits. Die Eingangstür zu diesem historischen Gebäude stand offen. Ein paar Soldaten sowie der Hausverwalter und seine Frau versuchten mit Wassereimern ein Übergreifen des Feuers zu verhindern.
Es gab drei Gefahrenquellen für das Beethoven-Haus. Zum einen das morsche Dachgebälk, außerdem die kaputten und offenen Fensterscheiben und zum anderen den Kellerbereich. Zum Glück waren bereits die wertvollsten und historisch unersetzlichen Ausstellungsstücke und Dokumente des Komponisten in das Schloss Homburg ausgelagert worden.
Nachdem das Nachbarhaus kurze Zeit später völlig niedergebrannt war, war von dieser Seite die Gefahr gebannt. Dafür wurde jetzt die gegenüberliegende Häuserzeile zu einer großen Bedrohung. Im Möbelhaus Adam an der Ecke der Straße brannte es bereits lichterloh. Matratzen, Möbel und Teppiche fachten das Feuer zusätzlich an. Und Hilfe war nicht in Sicht. Jetzt wusste Franz Rademacher, dass nur die Feuerwehr eine Katastrophe verhindern könnte, denn eine tödliche Feuerwalze fraß sich bereits durch den nördlichen Teil der Bonngasse.
In der Hoffnung, dass der Verwalter weiterhin auf das Beethoven-Haus achten würde, rannte Franz zum nächsten Löschteich auf dem Marktplatz. Dort stellten die Wehrmänner gerade die Löscharbeiten am Metropoltheater ein, das augenscheinlich gerettet war. Franz brauchte nicht viel Überredungskunst, um die Männer um Hilfe zu bitten. Sie wollten sowieso als Nächstes die Brände in der Bonngasse löschen. Aber beim Verladen rissen einige Wasserschläuche. Wieder keine Hilfe. Was tun?

Die Feuerwehrmänner rieten ihm, zur Befehlsstelle des Luftschutzes im Stadtbunker am Bottlerplatz zu gehen und um Unterstützung zu bitten. Er lief so schnell er konnte. Aber überall standen Polizisten, die die Befehlszentrale bewachten und abriegelten, denn Zivilisten war der Zutritt strengstens verboten. Franz Rademacher wusste sich nur mit einer Lüge zu helfen und behauptete, er sei der offizielle Beauftragte für den Schutz des Beethoven-Hauses und müsse unbedingt den Kommandanten sprechen. Schlussendlich ließen ihn die Beamten passieren. Der Einsatzleiter Major Brand jedoch glaubte Franz kein Wort und schrie ihn an, dass er unbefugt hier sei und sofort verschwinden solle. Im Übrigen hätte er momentan keinen freien Löschzug. Wütend fragte er Rademacher: „Wo ist denn das Beethoven-Haus?" Das war das Stichwort für einen anwesenden Feuerwehrmann, der erklärte, dass er das Gebäude sehr gut kenne und sofort bereit wäre, zu helfen.
Nach anfänglichem Zögern und mit offensichtlichem Desinteresse erlaubte Major Brand ihm, mit einem Löschzug in die besagte Bonngasse zu fahren. Überglücklich lief Franz voraus, um den Anfahrtsweg für die Feuerwehr frei zu halten. Und tatsächlich, keine 15 Minuten später war ein Löschwagen vor Ort. Und schon wieder gab es eine Panne. Fassadenteile eines abgebrannten Hauses verschütteten die ausgerollten Schlauchleitungen. Wertvolle Zeit verstrich, bis die glühenden Ziegel aus dem Weg geräumt waren. Dann reichte der schwache Wasserdruck nicht aus, um die brennenden Dachstühle der gegenüber liegenden Häuserfront von der Straße aus zu löschen.
Die Feuerwehrmänner entschieden sich, die bedrohlichen Brände vom zweiten Stock des Beethoven-Hauses aus zu bekämpfen. Nach ungefähr einer Stunde hatten sie die Gefahr weitestgehend unter Kontrolle. Zum Glück, denn die Feuerwehr sollte umgehend zu einem anderen Brandherd ausrü-

cken. Rademacher versprach, so lange auf das Haus zu achten, bis auch die letzten Glutnester erloschen sein würden. Erst jetzt bemerkte er, dass der Verwalter und seine Frau nicht mehr im Haus waren. Sie hatten heimlich ihre Koffer gepackt und waren anscheinend aus der Stadt geflohen. Nach seiner Erinnerung kam gegen 18 Uhr völlig überraschend Oberbaurat Wildemann ins Beethoven-Haus. Er erkundigte sich nur ganz kurz nach dem Stand der Rettungsarbeiten. Franz Rademacher beschreibt dieses unfreundliche Treffen folgendermaßen: „Ich erläuterte Oberbaurat Wildemann kurz das Nähere. Er ging nach wenigen Minuten und entschuldigte sein spätes und kurzes Erscheinen damit, dass sein Sohn zu kurzem Urlaub gekommen sei." Grußlos und ohne einen Dank ging der Oberbaurat davon. Eine Stunde später konnte Franz Rademacher beruhigt und erschöpft das Beethoven-Haus verlassen und nach Hause gehen.

Zur Begründung, warum er nach so vielen Jahren die Ereignisse des 18. Oktober 1944 in einem Brief festhalten wollte, schrieb er: „Die Zeit nach dem Bombenangriff drängte solche Überlegungen zunächst völlig zurück und später sagte ich mir, dass eine Bekanntgabe dieses Berichts leicht den Eindruck erwecken könnte, ich wollte meinen Anteil an den Rettungsarbeiten in den Vordergrund schieben. (...) Ich glaube aus dem Abstand zu damals, dass dieser nüchterne Tatsachenbericht für die Chronik des Beethoven-Hauses und damit für die Chronik der Stadt Bonn doch von Interesse ist."

Sein Engagement ist für Bonn einer der ganz großen Glücksmomente.

7

DIE GRÖSSTEN PFEIFEN KOMMEN AUS BONN

Sie werden wie Familienmitglieder behandelt, kommen alle aus derselben Familie und sind weltweit beheimatet: Die Orgelpfeifen aus der berühmten Instrumentenwerkstatt der Familie Klais. Auf die Frage, ob er eine Lieblingsorgel habe, antwortete Hans Georg Klais einmal: „Ich habe drei Kinder. Ich könnte Ihnen auch nicht sagen, welches ich am liebsten habe."
Diese Antwort verrät viel über einen der bekanntesten Orgelhersteller der Welt. Seit 1882 existiert das in der vierten Generation geführte Familienunternehmen in der Bonner Altstadt. Der Name Klais genießt in der ganzen Welt höchstes Ansehen. Die Orgeln aus dem Hause Klais ertönen nicht nur im Kölner Dom, im Kloster Maria Laach, in England, in Afrika, Asien, Südamerika und Nordamerika, sondern auch im Trierer Dom.
Der Handwerksbetrieb residiert in einem unauffälligen alten Backsteingebäude. Mithilfe von 60 Mitarbeitern werden die klangvollen Einzelstücke für Kirchen und Konzertsäle angefertigt. Alles aus einer Hand, wie Urenkel und Chef Philipp Klais stolz erklärt. Doch bis die Königin der Instrumente erklingt, ist es ein langer Weg. Das beginnt schon mit der Materialauswahl. Wie zu Zeiten seines Urgroßvaters werden nachhaltige Rohstoffe für den Bau verwendet. Holz von Eichen und Fichten, die teilweise in den Wäldern rings um Bonn geschlagen werden und teilweise aus Süddeutschland und dem Alpenrand stammen. „Wir haben aus der Restaurierung historischer Orgeln

gelernt, dass es wichtig ist, Mondphase und Mondstand bei der Wahl des richtigen Zeitpunkts zum Fällen der Stämme zu berücksichtigen.", erläutert der Firmenchef. Das ist eine wichtige und sichere Vorsichtsmaßnahme gegen Holzwürmer. Rund zehn Jahre liegen die Stämme im Hinterhof, sodass stets genügend Material für weitere Aufträge vorrätig ist. Und wie vor über 130 Jahren wird nur eine Zinnlegierung für die Pfeifen und Schafs- oder Ziegenleder für die Blasebälge verwendet. Für klimatisierte und sehr trockene Räumen verwendet Klais in Ausnahmefällen auch Wallabi-Leder. Das ist an trockene Klimabedingungen gewöhnt, so seine Erfahrung. Der Leim wird nach alter Tradition aus Rinderknochen hergestellt, weil der am längsten hält. Neu angeschafft wurden nur Rechner und Computerprogramme für die innovativen und modernen Entwicklungen. Ansonsten ist alles beim Alten geblieben.

Jede Orgel ist eine maßgezimmerte Einzelanfertigung. Bekommt die Firma eine Anfrage, werden in der Kirche oder dem Konzertsaal der Auftraggeber zuerst die akustischen Messungen vorgenommen. Zurück in Bonn wird eine passgenaue Orgel entworfen. Drei Jahre dauert die Herstellung vom Auftrag bis zur Einweihung. Und alles wird in diesem Familienbetrieb per Hand entworfen und hergestellt. „Sie müssen sich vorstellen, dass eine große Orgel 12 bis 15 Meter hoch und ebenso breit sein kann. Bei einem Gewicht von über 40 Tonnen", erklärt Klais die lange Bauzeit. Für den Aufbau vor Ort benötigen seine Mitarbeiter je nach Größe des Instruments bis zu sechs Monate. Der Aufwand „lohnt" sich, denn statt eines Trinkgelds bekommen die Mitarbeiter weltweit nach alter Sitte vom Kunden so viel Wein geschenkt, wie in die größte Pfeife passt. Das können schon mal über 300 Liter Rebensaft sein, wie der Pfeifenmacher bestätigt.

Jede Orgel aus Bonn ist ein klangvolles Unikat. „Unsere Instrumente breiten einen Klangteppich in Kirchen aus, der den

Menschen das Gefühl geben soll, mitsingen zu können", schwärmt Philipp Klais. Und das gelingt nur, wenn der Spieltisch, das Herzstück jeder Orgel, fehlerfrei funktioniert. Von diesem Platz aus steuert der Organist alle Mechanismen des Instruments und damit erhält die Orgel ihren so eigenen typischen Klang. „Deshalb klingt eine Klaisorgel in Frankreich französischer als eine spanische oder asiatische", so Philipp Klais. In eine Orgel für einen neuen Konzertsaal in Kyoto wurde eine Bambusflöte mit eingebaut. Die Sitten und Geschmäcker sind eben verschieden. Eines ist allen Orgeln gemeinsam. Sie besitzen den typischen bönnschen Klangakzent: den rheinischen Singsang, der sehr stark alle Silben miteinander verbindet.

Der Orgelbau ist ein Nischengeschäft und volle Auftragsbücher sind nicht über alle Jahre garantiert. Klais kämpft um jeden Auftrag und nimmt an jeder Ausschreibung teil. Gleichwohl kommt keine Langweile auf. Klais reist um die ganze Welt. Er spricht Englisch und Französisch, aber sein besonderes Kapital ist seine fröhliche rheinische Art und seine diplomatische Gesprächsführung. Das hilft ihm bei schwierigen Verhandlungen, denn die Herstellung der Königin der Instrumente hat natürlich ihren Preis. Gerade auch, wenn sie von dem bekannten Familienunternehmen gefertigt werden soll. Eine Orgel aus Bonn kostet zwischen 60.000 und drei Millionen Euro. Und jedes Jahr entwirft und baut der Familienbetrieb drei bis vier neue Instrumente.

Als weltweit einmalig gilt die historische Sammlung von Orgelstichen und Orgelliteratur, die die Familie aufgebaut hat. In diesem Schatz befinden sich sogar wichtige Orgelstiche aus der Bonner Beethoven-Zeit. Sie dokumentieren, dass der junge Musiker und sein Lehrer Neefe zu den Orgeln in Bonn und Umgebung pilgerten. Auf der berühmten Minoriten-Orgel in der Sank-Remigius-Kirche komponierte der junge

Ludwig zwei Präludien. Kurz vor seiner endgültigen Abreise nach Wien 1792 soll er das Pedalmaß dieser Kirchenorgel notiert haben.
Seit 2019 erklingt im schwedischen Malmö eine der modernsten Orgeln der Welt, angesteuert über einen sechsmanualigen Spieltisch aus dem Hause Klais. Unter dem Motto „Neue Klänge an Sankt Petri" ermöglicht dieser Spieltisch aus der „Hinterhofwerkstatt", wie Philipp Klais sein Unternehmen gern beschreibt, die Bedienung mehrerer Pfeifenorgeln gleichzeitig. Über große Touchscreen-Bildschirme angesteuert, können 205 Registerfarben gezogen werden. Einmalig auf der Welt. Diese Klais'schen Orgelpfeifen sind säulenartig bis auf 14 Meter Höhe angeordnet. Bei der Einweihung wird wohl sehr viel Wein geflossen sein. Und wer genau hinhört, wird den unverkennbaren rheinischen Singsang vernehmen.

8

EINMAL SCHLOSSHERR

Am 23. Februar 1989 starb der letzte Eigentümer von Schloss Drachenburg, Paul Spinat. Ohne sein beherztes Zugreifen wäre die Burg im Siebengebirge hoch über dem Rhein schon vor Jahren abgerissen worden. An ihrer Stelle stünde heute wahrscheinlich ein moderner Zweckbau für eine Bundesfinanzschule. Genau genommen ist Schloss Drachenburg weder Schloss noch Burg, sondern eine gründerzeitliche Villa des ausgehenden 19. Jahrhunderts. Geplant wurde sie von Wilhelm Hoffmann, einem der damals berühmtesten Architekten. Während er für König Ludwig II. an Schloss Neuschwanstein in Bayern arbeitete, konnte die Drachenburg nach nur drei Jahren Bauzeit 1884 an den Bauherrn Baron Stephan von Sarter übergeben werden. Sarter, ein Gastwirtssohn aus Bad Godesberg, hatte als kleiner Junge seiner weinenden Mutter ein besseres Leben versprochen, nachdem Vandalen die väterliche Gastwirtschaft kurz und klein geschlagen hatten. Tatsächlich kam er durch Spekulationen an der Pariser Börse zu viel Geld, investierte in Suez-Kanal-Aktien, wurde Gesandter in Paris und in den Freiherrenstand erhoben. Unsterblich verliebt in eine Kölner Zuckerbäckertochter, baute er für sie die Drachenburg. Es sollte sein Hochzeitsgeschenk werden. Aber das Kölsche Mädchen verschmähte nicht nur den neugotischen Prachtbau mit seinen zahlreichen Türmchen und Erkern, sondern auch den reichen Baron. Zutiefst verletzt und unglücklich schlief Sarter nur eine einzige Nacht in der imposanten Burganlage und floh für immer nach Paris. Sarter zog nie in die Drachenburg ein.

1903, nach Sarters Tod, öffnete sein Neffe Jakob Hubert Biesenbach Schloss Drachenburg für Besucher, denn er beabsichtigte, das malerisch gelegene Anwesen zu einer touristischen Attraktion zu machen. Gemeinsam mit drei Geschäftsleuten wollte er Profit aus dem Erbe ziehen. In Reiseführern und Zeitungen wurde die Drachenburg als Prachtbau und Hochsitz deutscher Kunst beschrieben: Eine Art Walhalla des Rheinlandes, so hieß es weit über den Rhein hinaus. Das Geschäftsmodell war leider nicht erfolgreich.

Als neuer Besitzer folgte Rittmeister Egbert von Simon. Nach ihm erwarb 1921 der Kölner Fabrikant Hermann Flohr das Schloss und errichtete darin ein Frauengenesungsheim. Infolge der Wirtschaftskrise konnte er das Schloss aber nicht halten. So zogen nun die „Brüder der christlichen Schulen" aus Wadersloh ein und versteigerten fast alle Möbel, Ölgemälde und Gobelins. Auf sie folgte eine Adolf-Hitler-Schule und nach dem Krieg wurde das Schloss Eigentum des Landes Nordrhein-Westfalen. Das Land verpachtete die gesamte Anlage für sechs Jahre an die Bundesbahndirektion Wuppertal. Ab 1960 stand das Märchenschloss schließlich leer, war verwaist und verfiel fast zu einer Ruine. Die Fensterscheiben waren eingeschlagen, die Wandgemälde verwittert, die Parkettböden herausgerissen, die Wände mit Kot verschmiert, die Parkanlage verwildert. Es war der geeignete Unterschlupf für Drogensüchtige und Landstreicher.

Das Land NRW hatte schließlich kein Interesse mehr an diesem unansehnlichen und unbewohnbaren Schloss. Man plante den Abriss, um an dieser Stelle einen Neubau zu errichten. Dagegen gab es jedoch in Königswinter und in der Region erheblichen Widerstand. Deswegen dachte die Landesregierung daran, das Schloss Königswinter der Stadt zum Geschenk zu machen. Aber die Stadtväter fürchteten, so wie einige Interessenten, die hohen und unüberschaubaren Restaurierungs-

kosten. Der Krieg und der jahrelange Leerstand hatten verheerende Spuren hinterlassen. Sogar der damalige Bundespräsident Walter Scheel nannte das einstige Hochzeitsgeschenk eine „scheußliche Monstralität". Ein Abriss schien die einzig richtige Konsequenz zu sein.
Niemand aber rechnete mit Paul Spinat, Lebenskünstler, Antiquitätenhändler, Konfektionär und Visionär. Als er 1971 der Landesregierung ein Kaufangebot unterbreitete, war man in Düsseldorf mehr als erleichtert. Auch er kam wie Stephan Sarter aus Bad Godesberg. Er war der Sohn eines Postbeamten und hatte schon als Kind sehnsüchtig zur Drachenburg hinaufgeblickt. Seiner Mutter versprach er wiederholt, eines Tages als Schlossherr dort oben zu wohnen. Nach dem Krieg arbeitete Paul Spinat 25 Jahre lang bei der Sparkasse in Bad Godesberg, wurde Direktor und gründete nach seinem Ausstieg mithilfe seiner Tochter Erika die Bekleidungsfirma „Spinta".
Seine guten Vermögensverhältnisse, ein Bausparvertrag über 500.000 Mark von Wüstenrot und ein schlüssiges Nutzungskonzept überzeugten schließlich Stadt und Land von der Ernsthaftigkeit des Kaufangebotes. Am Ende betrug die Kaufsumme genau 500.000 Mark, zahlbar in den nächsten zehn Jahren. Einzige Auflage war, dass das Schloss sowie das Gelände für die Öffentlichkeit zugänglich sein müssten. Und die Stadtväter von Königswinter atmeten auf, denn sie hatten eine finanzielle Sorge weniger. Paul Spinat erfüllte sich mit 67 Jahren endlich seinen Herzenswunsch, einmal Schlossherr zu sein. Sein Plan war, die heruntergekommene Drachenburg aus dem Dornröschenschlaf zu erwecken und in eine attraktive und imposante Kulisse für Musik- und Theaterveranstaltungen, Empfänge und Tagungen umzugestalten. Bereits zwei Jahre später hatte sich im und rund um das Schloss vieles verbessert. Zwei Millionen Mark soll Spinat für die Instandsetzung investiert haben. Vom nahen

Burghof, in dem er mit seiner Familie nach dem Kauf residierte, überwachte er die Bauarbeiten und legte oft selbst Hand an. So wurden zum Beispiel die fehlenden Turmhauben der Südfassade wieder ersetzt, die Figuren von Julius Caesar, Karl dem Großen und Wilhelm I. vergoldet, die Terrasse erneuert und der Park herrschaftlich hergerichtet. Die Innenausstattung und die alten Repräsentationsräume versuchte er mit Handwerkern aus der Umgebung oberflächlich zu rekonstruieren.

Das Land unterstützte den neuen Besitzer mit geringen Mitteln aus der Denkmalpflege, um zum Beispiel das große Gemälde im Treppenhaus der Burg fachmännisch restaurieren zu lassen. Spinats allzu eigenwilliger Geschmack und seine üppige Ausgestaltung der Wände und Räume mit Antiquitäten der unterschiedlichsten Stilrichtungen fanden nicht unbedingt die Zustimmung des Landesamtes für Denkmalpflege. Aber man ließ ihn gewähren, obwohl vieles aus Kostengründen nur provisorisch repariert oder übermalt wurde. Am 12. Mai 1973 war es so weit, das Schloss wurde offiziell wiedereröffnet. Der Eintrittspreis für Besucher betrug 2,50 Mark. 1,70 Mark kostete einen Spaziergang durch den Park, durch den sieben Kilometer lange erschlossene Wanderwege führten. Sogar ein kleines Schlosscafé gab es. Und dennoch deckten die Eintrittsgelder nicht die laufenden Kosten.

Spinat bemühte sich um exklusive Veranstaltungen. Mit Unterstützung des Bonner Kunstsammlers und Galeristen Hermann Wünsche (1941–1993) kamen weltberühmte Künstler wie Andy Warhol und ihre Kunstwerke auf die Drachenburg. Eine der Attraktionen war jedoch Spinat selbst. Er inszenierte sich bühnenreif als Schlossherr in einer auffälligen Fantasieuniform, fuhr in einem goldenen Rolls-Royce hinunter nach Königswinter und gab eigenwillige Konzerte für zahlende Gäste. Legendär und skurril war seine Orgelattrappe auf der neugotischen Balustrade im Musikzimmer. Gebaut aus gebrauchten Regenfallrohren und Blechteilen, sah das Instrument von vorne einer echten Orgel täuschend ähnlich. Der Schlossherr setzte sich dann an das „Instrument" und imitierte gekonnt einen virtuosen Organisten. Aber in Wirklichkeit lief im Hintergrund eine Bandaufnahme mit Musikstücken der größten Domorgel der Welt in Passau.

Im März 1986 erhielt Spinat endlich die Würdigung und Anerkennung, die er sich als Schlossherr erhofft hatte. Für seine Verdienste um die Drachenburg wurde ihm aus den Händen des Vizelandrats Helmut Loos das Bundesverdienstkreuz verliehen. Tatsächlich war das Schloss einige Jahre Treffpunkt für Kunst und Künstler. Extravagante Veranstaltungen folgten auf hochklassige Konzertabende, erlesene Empfänge und Ausstellungen von Dali oder Chagall rundeten das Programm ab. Bei all dem Engagement, dem Glanz und Glamour war nicht zu übersehen, Spinat hatte sich finanziell übernommen. Die Schuldenlast wurde immer größer und der erneute Verfall der gesamten Anlage immer sichtbarer. 1989 zwangen ihn die hohen Hypothekenschulden, nach einem Käufer zu suchen. Doch niemand wollte die erforderlichen 12,5 Millionen Mark zuzüglich der Renovierungskosten bezahlen. Als einziger Interessent meldete sich im Dezember der Burgenkönig vom Rhein, Herbert Hillebrand, auf Spinats Anzeige. Schnell waren sich die beiden Männer einig und vereinbarten einen Notartermin. Auf Druck der Stadt Königswinter machte das Land NRW in letzter Minute von seinem Vorkaufsrecht Gebrauch und kaufte die marode Immobilie für acht Millionen Mark mit der Zusage, die Instandsetzungskosten in gleicher Höhe zu übernehmen.

Paul Spinats Wunsch, dieses Schloss zu besitzen, war ein Glücksmoment für Bonn und die Region. Ihm ist es zu verdanken, dass Schloss Drachenburg nicht abgerissen wurde und das Siebengebirge mit seinem Märchenschloss über die Landesgrenzen hinaus bekannt wurde. Leider war es ihm nicht möglich, die große Anlage und das sehr beschädigte Gebäude vor dem Verfall zu retten. Dafür reichten seine Mittel einfach nicht aus. Er konnte nicht verhindern, dass der Schwamm in die beheizten Räume einzog, das Treppenhaus einbrach und in vielen Räumen alte Kriegsschäden zu sehen waren.

Kein Wunder also, dass die Restaurierungsarbeiten sehr viele Jahre dauerten. Bis heute sind die Kunsthistoriker des Hauses weltweit mit der Wiederbeschaffung verschwundener Ausstattungsgegenstände beschäftigt. So tauchten bei Ebay Entwurfsskizzen für ein Wandgemälde aus dem Treppenhaus und altes Tafelsilber auf. Eine andere Wandmalerei liegt nachweislich in der Privatsammlung des Kunstauktionshauses Christie's in London und die Chancen einer Rückführung ins Schloss Drachenburg sind sehr gering.

Erst die Nordrhein-Westfalen-Stiftung ermöglichte die Sanierung und behutsame Restaurierung. Sie benötigte dafür vom Kauf bis zur Wiedereröffnung im Jahre 2010 insgesamt 21 Jahre und stellte rund 31,5 Millionen Euro zur Verfügung. Heute ist die Drachenburg ein berühmtes Wahrzeichen der Region mit spektakulären Veranstaltungen wie „Schlossleuchten" oder der „Einzigartigen Weihnachtszeit".

Paul Spinat handelte frei nach seinem Leitspruch: „Wäge und wage." Der Abschied von seinem Schloss ging ihm sehr nahe. Nur wenige Tage nach Unterzeichnung des Kaufvertrages starb er schwer erkrankt im Alter von 84 Jahren. Sein Grab liegt unterhalb der Drachenburg auf dem Friedhof am Palastweiher in Königswinter direkt neben der letzten Ruhestätte des Erbauers von Schloss Drachenburg, Baron Stephan von Sarter. Zwei außergewöhnliche Schlossherren und ein doppeltes Glück für Königswinter und Bonn.

9

GRAZIE UND TUTUS

Plötzlich trippeln sie in den großen Tanzsaal. Kleine Balletttänzerinnen in rosa Tutus. Sie wirken sehr ernst und dennoch feenhaft. Ihre schlanken Beine verschwinden fast unter den breiten Tüllröckchen. Sie sind noch klein, die meisten von ihnen gerade mal vier Jahre alt. Aber ihre anmutige und aufrechte Körperhaltung, ihre grazile Erscheinung lassen sie viel größer erscheinen. Viel größer als ihre Sprünge zum Takt der Musik. „Ballett ist Schönheit, Ästhetik und Harmonie", erklärt Dr. Sharareh Meyer, die derzeitige Leiterin der Ballettschule International in Bonn. Gegründet 1927 von Claire Ossendorf, ist sie die älteste private Ballettschule in Nordrhein-Westfalen. 60 Jahre später gaben Daniel Heuline und seine Frau Christina Hamel dieser Ballettschule eine professionelle Ausrichtung. So tanzen die rund 200 Schülerinnen und Schüler aus 15 Ländern nicht nur regelmäßig auf der Bonner Opernbühne, sondern sie sind auch bei internationalen Aufführungen gefragt. Neben klassischem Ballett bietet die erfolgreiche und preisgekrönte Schule Modern Dance, Jazz-Dance, Charaktertanz und Hip-Hop an.

Die kleinen Tänzerinnen ziehen ihre Bäuchlein ein und strecken ihre Köpfe weit nach oben. Schon nach wenigen Takten beginnen sie über das Parkett zu schweben und sie strahlen, als wäre alles ganz leicht. Mit ihren angespannten Lippen und ihren gestreckten Hälsen wirken sie mit einem Mal gar nicht mehr so kindlich. „Man muss warten können, sich hart anstrengen, ohne gleich den Erfolg zu sehen," so die Ballettmeisterin.

Das Geheimnis ihrer tänzerischen Grazie ist Anstrengung. Lernen mit Frustrationen fertigzuwerden, Niederlagen einzustecken sowie Disziplin und Kameradschaft in den Vordergrund zu stellen – all das wird von einer Ballerina erwartet. Es sind Tugenden, die auf keiner anderen Schule gelehrt und praktiziert werden. Aber ohne Drill und Zwang, das ist Sharareh Meyer sehr wichtig. Ganz nach dem Motto: „Du sollst tanzen – lachen – singen."

Menschen, die tanzen, haben ein herausgehobenes Wahrnehmungsvermögen oder wie William Forsythe sagte: „Sie wissen immer, wo sie stehen oder nicht stehen." Noch bevor die kleinen Mädchen schreiben lernen, tanzen sie und drücken damit ihr Lebensgefühl aus. Tanzen fördert die Kreativität, stärkt das Selbstbewusstsein, macht fit und weckt den Teamgeist. Was für ein Glück, dass diese Ballettschule schon seit über 90 Jahren viele Kinder und Jugendliche zum Tanzen bringt.

10

EINZIG, ABER NIE ARTIG

Das erste Frauenmuseum der Welt findet man nicht in New York, Tokio oder Paris und auch nicht in Berlin, sondern in einem gepflegten Hinterhof im Bonner Norden. Das klingt nach Kleinstadt. Nicht weltoffen und schon gar nicht international. Aber nur auf den ersten Blick. Auf den zweiten Blick ist der Standort gut gewählt und es handelt sich nicht etwa um ein beschauliches Heimatmuseum. Frauenmuseum – das missfiel den Bonnern anfangs. Dürfen da nur Frauen hinein? Und braucht Bonn überhaupt so ein seltsames Museum?

Ein Museum ist nur ein Museum, wenn es seinen Bestand pflegen und zeigen kann. Aber Marianne Pitzen hatte bei der Gründung 1981 nichts als eine Vision und einen enorm starken Willen. Seitdem arbeitete sie an der Umsetzung ihrer Idee und dem Aufbau einer Sammlung. Bis dahin war es ein langer und beschwerlicher Weg. Das ausgesuchte Gebäude war ein altes, renovierungsbedürftiges Textilkaufhaus, das die Stadt ankaufte. Für die Dauer von vier Monaten durften die Künstlerinnen die maroden Räume für ihre Projekte nutzen. Danach sollten sie wieder ausziehen. Aber die Frauen blieben und hielten das Haus besetzt. Jetzt stand die Stadt unter Druck. Es folgten zähe Verhandlungen und am Ende siegten die engagierten Frauen und konnten bleiben. Einzige Auflage der Stadt: Das Gebäude sollte ein kulturelles Stadtteilzentrum werden. So kamen im Laufe der Jahre Dritte-Welt-Inititativen, therapeutische Frauengruppen, Frauenverlage und ein Café hinzu.

Alles begann damit, dass Marianne Pitzen gemeinsam mit ihrem Mann 1972 im Bonner Talweg die Galerie „Circulus" für Architektur, Design und Kunst eröffnete. Schnell wurden diese Räumlichkeiten zu einem Treffpunkt für kreative Frauen, Architektinnen, Künstlerinnen und politisch motivierte Frauen. Hier wurde diskutiert, gemalt und es wurden familiengerechte städtische Veränderungen diskutiert. Mit viel Frauenpower entwickelten sich zwei Bewegungen. Eine nannte sich „Frauen formen ihre Stadt e.V." und die andere „Frau + Futura". Sie setzten sich zum Ziel, den Verantwortlichen in der Stadt zu zeigen, wie frauen- und kinderfeindlich Städtebau sein kann und ist. Mit diesem Thema beschäftigte sich die erste Ausstellung „Frauen formen ihre Stadt". Dafür wurden zahlreiche Beispiele aus Kunst und Kultur gesammelt und präsentiert. Von jetzt an wurde in unermüdlichen und vielen kleinen Schritten am Aufbau einer eigenen Kunstsammlung gearbeitet. Die bescheidenen Ankäufe hatten zunächst einen eher symbolischen Charakter.

Finanziert wurde das Museumsprojekt anfangs durch Spenden und private Gelder. 1984 änderte sich die Situation und seitdem gibt es einen Mietvertrag mit der Stadt. Der Trägerverein erhielt nun Zuschüsse für Miet- und Heizkosten. 1990 übernahm Bonn den Personaletat. Das führte zu einer Umstrukturierung. Marianne Pitzen erhielt als Museumsdirektorin ein festes Gehalt und war nicht mehr nur ehrenamtliche Leiterin. Auch das Frauenmuseum veränderte sich. Auf über 3000qm wurde unter anderem eine Werkstatt, ein Ideenpool und ein Laboratorium eingerichtet. So können in diesen Räumen unter anderem Seminare, Projektarbeiten, Tagungen und Workshops geplant und organisiert werden.

1995 ergab sich für das Museum eine große Chance. Das Land Nordrhein-Westfalen plante anlässlich des 50-jährigen Jubi-

läums, innovative Projekte und unbekannte Künstler zu unterstützen. Genau das Richtige für das erste Frauenmuseum weltweit. Marianne Pitzen erhielt die nötigen Geldmittel, um interessante Werke von Künstlerinnen auszuleihen und anzukaufen. Ab diesem Zeitpunkt begann sie eine eigenwillige und utopische Sammlung aus Frauenkunst aufzubauen.
Jetzt könnte man meinen, dass das Museum in all den Jahren Anerkennung und Wertschätzung in der Stadt gefunden hat. Für die zahlreichen Besucher mag das sicherlich richtig sein. Für die Stadt leider nicht. Es liegt nicht an den Ausstellungsthemen wie Sexhandel, Mythos Mutter, Frauenwahlrecht, Alleinerziehende oder Frauen in der Weltreligion. Es liegt an den Finanzen. Die Stadt wollte die jährlichen Zuschüsse für das Museum gerne streichen. In Anbetracht leerer Kassen sollte laut dem Kulturdezernenten auch die Kunst ihren „angemessenen Beitrag" zur Haushaltskonsolidierung leisten. Es geht um einen Zuschuss von 120.000 Euro und darum, wie weit dieser in der Zukunft gekürzt oder gar gestrichen werden könnte. Also wieder schwierige Zeiten für Marianne Pitzen. Vor allem, wenn der Kulturdezernent in einem Zeitungsinterview erklärte: „Das, was das Frauenmuseum macht, können andere in dieser Stadt auch. Bonn kann nicht so weitermachen wie bisher. 38 Zuschussempfänger gibt es in der freien Szene. Das können wir uns nicht mehr leisten."
„Es ist lächerlich, dass die Stadt sagt, sie könne sich unser Haus nicht mehr leisten. Das Museum erwirtschaftet weit mehr als die Hälfte seines Etats aus eigenen Einnahmen und Drittmitteln", entgegnet Pitzen. Über echte Druckmittel verfügt sie nicht, aber sie ist eine Kämpferin und die Frauen in der Nordstadt sind Schwierigkeiten gewohnt. Zum Glück hat sich die finanzielle Lage verbessert und der Verein Frauenmuseum – Kunst, Kultur, Forschung e.V. konnte das Gebäude 2020 end-

lich erwerben. Im Jubiläumsjahr Ludwig van Beethovens kommen die Frauen in seinem Leben und seiner Epoche nicht zu kurz. Im Rahmen dieser Ausstellung wurde sogar die Küche der van Beethovens nachgebaut. Zu sehen sind einige Dachziegel, alte Pflastersteine und ein marodes Kellerfenster. Alles Originalobjekte aus dem Haus in der Rheingasse 7, in dem Beethoven eine Zeit lang wohnte.

Das Frauenmuseum in Bonn hat nicht nur mit dieser Sonderausstellung ein Alleinstellungsmerkmal. Es hat auch eine Vorbildfunktion für Frauenmuseen in aller Welt und ist der Sitz der „International Association of Women in Museum". Dieses Netzwerk aller Frauenmuseen macht sichtbar, was Marianne Pitzen und ihre Mitstreiterinnen geleistet haben. Und was Frauen für die Geschichte und Kultur in ihren Heimatländern tun können. Und das ist gut so.

Mittlerweile kann das Museum auf einen beeindruckenden Bestand bekannter Künstlerinnen wie zum Beispiel Käthe Kollwitz und Ulrike Rosenbach zurückgreifen. Auch Dauerleihgaben von Linda Cunnigham, Yoko Ono, Tina Wedel und vielen anderen konnte Marianne Pitzen auf internationalen Kunstmärkten für ihr Haus bekommen.

Ein besonderer Höhepunkt ist die Mitwirkung des Frauenmuseums an der Auslobung und Verleihung des renommierten Gabriele-Münter-Preises. Alle drei Jahre wird diese Auszeichnung, die mit 20.000 Euro dotiert ist, an Bildende Künstlerinnen ab 40 Jahren verliehen.

Die Entwicklung des Frauenmuseums ist ein Beispiel und Anerkennung für eine überzeugende Frau und ihre jahrelangen Kämpfe. Mit dem Ergebnis, dass das Frauenmuseum eine treue Fangemeinde gefunden hat, wie das August-Macke-Haus, das Akademische Kunstmuseum oder das Stadtmuseum. Ein weiterer Glücksfall für Bonn.

11

FRAUEN WASCHEN IHRE TRIKOTS SELBER

Es war die Sensation. Am 15. Juni 1975 wurde vor 2500 Zuschauern im Sportpark Pennenfeld in Bad Godesberg Fußballgeschichte geschrieben. Das zweite ausgetragene Finale um die Deutsche Meisterschaft gewann die Frauenmannschaft des Bonner SC (BSC) mit 4:2 gegen den FC Bayern München. Und das in einem Mannschaftssport, der in den Kinderschuhen steckte und von den Männern ironisch belächelt wurde. Der damalige Sportstudio-Moderator Wim Thoelke konnte ein inoffizielles Länderspiel ungestraft mit Sätzen wie „Mutter hat eine wunderbare Flanke nach halblinks gespielt" oder „Frauen waschen ihre Trikots selber" kommentieren.

Frauen auf dem Spielfeld wurden nicht ernst genommen. So ist es nicht verwunderlich, dass die Siegerprämie für das erfolgreiche Damenteam mehr als bescheiden ausfiel. Für die gewünschte Handtasche, die sich die damalige Abwehrspielerin Monika Larmann als Siegerprämie erhofft hatte, reichte es leider nicht. Lediglich 100 Mark spendierte der Deutsche Fußballbund seinerzeit jeder Spielerin für den sensationellen Titel. Wahrscheinlich erinnerten sich die meisten Funktionäre an die Begründung vom 30. Juli 1955. „Im Kampf um den Ball verschwindet die weibliche Anmut, Körper und Seele erleiden unweigerlich Schaden, und das Zurschaustellen des Körpers verletzt Schicklichkeit und Anstand." Sie verboten den Frauenfußball.

Zwanzig Jahre späte sagte der Bonner Oberbürgermeister Dr. Hans Daniels beim Rathaus-Empfang über die sportliche Leistung der Frauen: „Wenn ich sie so sehe, weiß ich nicht, was ich mehr liebe – die Frauen oder den Fußball." Das Turnier hätte der Anfang einer großen Erfolgsgeschichte mit viel Ruhm und Ehre werden können. Wurde es aber nicht. Und das lag nicht nur an den bösartigen Kommentaren aus der Fußballecke der Männer.

„Ich sehe Mädchen lieber Tennis als Fußball spielen", soll DFB-Präsident Hermann Neuberger gesagt haben.

„Fußball ist kein Mädchenspiel", erklärte Bundestrainer Jupp Derwall. FC-Bayern-Stürmer Gerd Müller prophezeite sogar noch 1980: „Ich glaube nicht, dass dieser Sport genauso populär wird wie unser traditioneller Fußball. Warum sollten Frauen auch hinter dem Ball herlaufen? Sie gehören doch hinter den Kochtopf."

Allen Unkenrufen zum Trotz steht bis heute in der Chronik des Bonner SC: Für den einzigen bedeutenden Titel sorgten die Frauen-Fußballerinnen 1975. Danach kam nichts mehr.

Bonn und Fußball, das war eine schwierige Beziehung. Es gab einfach keinen Verein, der wenigstens einmal an die deutsche Spitze vorgedrungen wäre. Allenfalls der kleine SV Beuel 06 hatte in den 30er-Jahren kurzzeitig einen erfolgreichen Lauf.

Der kurze spätere Ruhm des BSC begann 1971 mit der Gründung der Abteilung Frauenfußball durch Willi Krahe. Die neue Mannschaft mit Monika Larmann spielte bereits von Anfang an erfolgreich. Nach dem vierten Platz der Bundesfußballmeisterschaften der Frauen 1974 in Mainz kam Willi Krahe auf die Idee, dieses Frauenteam zu trainieren. „Mister Frauenfußball", wie er gerne genannt wurde, holte weitere Talente in den Club. Der BSC rüstete auf. Mit Anne Haarbach-Trabant und Karin Pätzold kamen die besten Spielerinnen des deutschen Meisters TuS

Wörrstadt an den Rhein. Und natürlich Beverly Ranger, besser bekannt als die „schwarze Perle" des Fußballs. Sie schoss im Spiel um die Deutsche Meisterschaft das entscheidende Tor. Das Tor des Monats. Ein Schuss, der bis heute in einem Atemzug mit Helmut Rahns Treffer von 1954 oder Gerd Müllers WM-Tor im Jahre 1974 gegen die Niederlande genannt wird. Denn Beverly erzielte 1975 im Alleingang an fünf Gegenspielerinnen vorbei mit einem knallharten Schuss den Siegtreffer.
Anschließend war Beverly Ranger in allen Medien präsent und weltweit bekannt. Sie galt als wahrscheinlich seinerzeit beste Spielerin. Nicht ganz, denn alle Spielerinnen dieser Mannschaft waren Spitzenklasse. Vater des Erfolges war der inzwischen bekannte Wille Krahe. Unverkennbar mit einer Zigarre im Mund sorgte er für die wirtschaftliche Basis des Clubs. Mit großer Leidenschaft, viel Geschick und so manchen Tricks hielt er die Frauentruppe zusammen und erzielte Höchstleistungen. Das ist umso bemerkenswerter, da Frauenfußball Hobbystatus hatte. Der Verein zahlte höchstens die Fahrtkosten oder mal ein Essen. Krahes Mannschaft bestand aus Lehrerinnen, Hausfrauen, Studentinnen und Auszubildenden.
Schon bald sorgte sein junges Team für noch mehr Überraschungen. Die Bonner Frauen gewannen mit ihrem Trainer mehrfach internationale Pfingstturniere und einige Auslandsspiele. Aber Krahe wollte mehr für seine Frauenmannschaft und die Spielerinnen zeigten sich enorm ehrgeizig und machten selbst beim härtesten Training nicht schlapp.
Monika Larmann und ihre Mitspielerinnen standen nach der gewonnenen Meisterschaft plötzlich im Rampenlicht. Mit einem damals astronomisch hohem Handgeld von 50.000 Mark und einem monatlichen Gehalt von 3000 Mark lockte kurz darauf ein Club in Italien. „Aber das war eine wilde Liga und uns deshalb zu unsicher", erinnerte sich Larmann, die sich damals

in der Ausbildung befand. Monika Larmann „Die teuersten Beine nach Marlene Dietrich", wie eine Zeitung titelte – hängte nach dem Titel die Fußballschuhe an den Nagel.
Mit dem Frauenfußball im BSC ging es nach und nach bergab. Man mochte zwar die Frauen, aber die Tribünenplätze blieben leer. Nicht zuletzt, weil die besten Spielerinnen zügig zu größeren und finanzstärkeren Fußballvereinen wechselten. Alles Gründe und Ursachen, warum die Erfolge auf dem Bonner Spielfeld ausblieben. Bereits ein Jahr später 1976 verloren die Bonner Damen im Viertelfinale. Es folgten weitere Niederlagen und schließlich wurde die Abteilung Frauenfußball im BSC 1980 aufgelöst. Obwohl dieser Club den Fußball im Sommer 1975 weiblich gemacht hatte.
Und was ist den Spielerinnen von damals geblieben? Monika Larmann eigentlich nur die Erinnerung an ihre sportlichen Jahre in Bonn. Sogar das Meisterarmband, ein Geschenk des DFB an alle Spielerinnen, mit der Gravur „Deutscher Meister 1975" ist verschwunden. Die ehemalige deutsche Fußballmeisterin hatte ihr Armband 2011 der Stadt Euskirchen geliehen. Leider ist es aus einer Vitrine im Kreishaus gestohlen worden.
Anne Haarbach-Trabant gründete gemeinsam mit Gero Bisanz die Frauennationalmannschaft. Die Mannschaft gewann 1983 ihr erstes Länderspiel gegen die Schweiz mit 5:1.
So bleibt für den BSC zu hoffen, dass das Löwen-Maskottchen Didi der Bonner Fußballwelt auch einmal einen solchen Glücksmoment beschert wie 1975 den Frauen.

12

KEIN WIDERSTAND

Die Fähigkeit eines Menschen, in einer lebensgefährlichen Situation seine Angst zu überwinden, das Notwendige zu tun und damit tausenden Menschen das Leben und ihre Stadt zu retten, auch auf die Gefahr hin, hingerichtet zu werden, eine derartige Tat sollte nicht vergessen werden. Die Rede ist von Generalleutnant Richard Schimpf, Kommandeur der 3. Fallschirmjäger-Division.

Obwohl das ersehnte Kriegsende fast zum Greifen nahe war, lautete seit dem 6. März der ausdrückliche Befehl, Bad Godesberg und Bonn bis auf den letzten Mann zu verteidigen. Und auf keinen Fall zu kapitulieren.

Die Befehlsverhältnisse in der Stadt waren zu dieser Zeit sehr unübersichtlich. Der nationalsozialistische Bürgermeister von Bad Godesberg Heinrich Alef hatte bereits am 7. März die Stadt verlassen. Das Rathaus war verschlossen, nicht einmal ein Nottelefon war besetzt. Kurz entschlossen übernahm der Erste Beigeordnete Stadtrat Heinrich Ditz die Amtsgeschäfte. Und die Amerikaner hatten bereits ein Ultimatum gestellt, entweder Kapitulation oder Bombardierung.

Zur gleichen Zeit verlegte General Schmipf seine Einheiten in die Gegend von Bad Godesberg und seinen Gefechtsstand von Meckenheim in den Keller des Hotels Dreesen am Rhein. Dort versuchte Heinrich Ditz den General zu überzeugen, Bad Godesberg zur „Offenen Stadt" zu erklären, um damit den Angriff der Amerikaner zu verhindern. Die US-Truppen marschierten bereits durch Berkum in Richtung Mehlem. In dieses

Gespräch schaltete sich der Schweizer Generalkonsul Dr. Franz von Weiss ein. Er und die beiden Godesberger Ärzte Schulten und Pies waren wegen der Gerüchte um eine bevorstehende Bombardierung sehr besorgt. Die Sorgen waren begründet, denn wenige Tage zuvor war das nur 10 Kilometer entfernte Meckenheim total zerstört worden. Sie wussten von dem Ultimatum und dass die Amerikaner sofortige Antwort von der deutschen Seite erwarteten.

Schimpf war sich der bedrohlichen Situation für die Bevölkerung bewusst. Ihm war klar, dass es sinnlos wäre, die Stadt mit ihren zahlreichen Lazaretten und vorwiegend alten Bewohnern zu verteidigen.

Was Generalleutnant Schimpf in dieser Situation auszeichnete, waren sein Mut und seine Entschlossenheit, weitreichenden Entscheidungen mit Blick auf die Lage und die Zivilbevölkerung zu treffen. Gegen den ausdrücklichen telefonischen Befehl des Oberbefehlshabers der Heeresgruppe B, die Stadt bis auf den letzten Mann zu verteidigen, fasste Schimpf nach einer dramatischen Auseinandersetzung im Hotel Dreesen mit einem NS-Führungsoffizier, der ihn mit einer Waffe bedrohte, „den schwersten Entschluss seines Lebens", wie er selber später sagte. Mit aller Vorsicht und Stillschweigen gegenüber seinen Vorgesetzten begann er mit dem Rückzug.

Im Morgengrauen des 8. März gab Schimpf den Befehl für die Absetzbewegung über die Brücke Bonn-Beuel und verlegte seine Einheiten auf die andere Rheinseite. Er stellte es seinen 7000 Soldaten frei, sich entweder auf das rechte Rheinufer zu retten oder in US-Gefangenschaft zu gehen. Damit wurden alle Kampfhandlungen auf der Godesberger Seite eingestellt. Für den Fall seiner Verhaftung und Erschießung hatte er Major Haeffner das Kommando übergeben. Anschließend gab er den Befehl, die Geheimakten zu verbrennen. Jetzt lag alles

Weitere bei den Amerikanern. Würden sie Bad Godesberg trotzdem angreifen?
Zur gleichen Zeit verhandelte Ditz bereits mit den Amerikanern über eine Übergabe der Stadt, die vom Luftkrieg bisher verschont geblieben war. Obwohl Ditz in diesen Gesprächen den Amerikanern nicht verbindlich zusagen konnte, dass Schimpf zur Kapitulation bereit war, sagten die Amerikaner zu, zunächst nicht anzugreifen. Zur gleichen Zeit ließ sich Schimpf vom Schweizer Generalkonsul überzeugen, mit ihm nach Miel bei Euskirchen zu fahren, um im dortigen US-Stützpunkt mit Generalmajor Louis A. Craig die Kapitulation zu unterzeichnen. In seinem schwarzen Mercedes mit Schweizer Kennzeichen und weißer Fahne passierten sie gemeinsam alle Kontrollen. Gegen 12 Uhr mittags wurde Bad Godesberg nach kurzen Verhandlungen an die Amerikaner übergeben und als Lazarettstadt anerkannt. Für Generalleutnant Schimpf war in Miel der Krieg zu Ende und er begab sich in US-Kriegsgefangenschaft.
Es gab aber mehrere Gründe dafür, dass Bad Godesberg nicht zerstört wurde. Schimpfs Plan, sich kampflos zu ergeben, führte zum Erfolg, weil zu dieser Zeit keine fanatischen SS-Einheiten mehr in der Stadt waren, die ihn daran hätten hindern können. Ein weiterer Glücksfall war die Anwesenheit des Schweizer Generalkonsuls von Weiss, ein engagierter und diplomatischer Vermittler. Er setzte alles daran, die Stadt vor einer Zerstörung zu bewahren. Aber auch Generalmajor Craig wollte wie Generalleutnant Schimpf diesen sinnlosen und blutigen Kampf unbedingt verhindern. Zwei Soldaten, die sich in diesem Krieg als Gegner bereits in Nordafrika gegenüberstanden, zeichneten sich am Ende durch Menschlichkeit, Diplomatie und Größe aus. Sie retteten die Stadt und verschonten die Bevölkerung von unsäglichem Leid. Was für ein Glück für Bad Godesberg!

Weniger diplomatisch verliefen die Vorbereitungen für eine Gedenktafel in Bad Godesberg. Der damalige Schweizer Botschafter in Bonn, Dieter Chenaux-Repon, wollte seinem diplomatischen Vorgänger eine Ehre erweisen und mit einer Bronzetafel am Bad Godesberger Rathaus an Dr. Franz von Weiss und Generalleutnant Richard Schimpf erinnern. Chenaux-Repond hatte nicht mit dem Widerstand des Godesberger CDU-Bezirksvorstehers Christoph Brüse gerechnet. Dieser wollte die Tafel zwar ebenfalls enthüllen, aber nicht am Jahrestag der Kapitulation: „Als Bezirksvorsteher von Bad Godesberg behalte ich mir die Enthüllung und die Einladung zu dieser Zeremonie vor, und dies zu einem Termin, zu dem ich abkömmlich bin", ließ er dem Botschafter ausrichten. Der wiederum schrieb zurück, „dass von seiner Regierung immerhin 6000 DM für die Bronzetafel bereitgestellt worden seien und er zwecks Rechtfertigung einen Bericht abfassen oder um Rückgabe dieses Betrags bitten müsse." Schließlich wurde der Termin für die Enthüllung auf den 21. Juni 1998 festgelegt. Eine schöne Geste wider das Vergessen.

13

RETTUNG IN LETZTER MINUTE

„Aber die Atelierfrage! Das ist das aller-, allerwichtigste. Denn offen gestanden ist gerade das Atelier es, was mich nach Bonn zu ziehen bestimmt hat", flehte August Macke 1910 seine Schwiegermutter Sophie Gerhardt an. Mit Erfolg. Nach zahlreichen Auslandsreisen kehrte der junge Künstler (1887–1914) mit seiner Frau Elisabeth zurück nach Bonn. Seine Schwiegermutter überließ dem jungen Paar nicht nur ein Haus, sondern beteiligte sich finanziell am Ausbau eines Ateliers im Dachgeschoss.

Das kleine spätklassizistische Gebäude steht in der Bornheimer Straße 88 (jetzt Bornheimer Straße 96). Karl Heinrich Gerhardt, Mackes Schwiegervater, kaufte das Anwesen 1884 als Lagerhaus für sein Unternehmen. Nach seinem Tod stand das Haus leer und August Macke gelang es nach vielem Drängen und Bitten, es schließlich von 1911 bis 1914 zu nutzen. August und Elisabeth führten ein offenes und gastfreundliches Haus. Es wurde der Treffpunkt der jungen rheinischen Kunstszene. Mackes Künstlerfreunde, darunter Robert Delaunay, Max Ernst und Franz Marc, gingen hier ein und aus. In Mackes erstem eigenen Atelier entstanden die meisten seiner bekannten Arbeiten und Kunstwerke. Im Bonner Norden malte Macke seine geliebte Elisabeth, sein Bonn und das rheinische Umfeld in den wenigen Jahren bis zu seinem Kriegstod im Jahr 1914. Er bezeichnete seine Kunst einmal als „Gesang von der Schönheit der Dinge".

Macke liebte Bonn. Aus dem dritten Stock blickte er durch die großen Fenster auf das abwechslungsreiche Treiben. Auf seinen blühenden Garten, auf Kinder, auf die Viktoriabrücke, die Rheinuferbahn nach Köln und auf die neu erbaute Marienkirche. Alles Motive, die sich in seinen Werken wiederfinden. Seinem Freund Franz Marc schrieb er: „Dieses Bonn ist eine rechte Rentnerstadt. Alles still, seriös und unauffällig. Mir ist unser Stadtteil ganz außerordentlich lieb." Sein fröhliches Temperament, seine Kraft und seine genießerische Art beeindruckten alle, die ihm begegnet sind. August Macke besaß eine charismatische Ausstrahlung.
Zwei Jahre nach Mackes Tod heiratete seine Witwe Elisabeth 1916 Lothar Erdmann (1888–1939), einen Freund ihres Mannes. 1925 zog sie mit der Familie nach Berlin. Vor Kriegsbeginn wird Erdmann von den Nazis in Sachsenhausen zu Tode gefoltert. Nach 23 Jahren kehrte Elisabeth Erdmann-Macke zurück nach Bonn und lebte bis 1975 allein im Dachgeschoss, im ehemaligen Atelier ihres Mannes. Macke und seine farbenreiche Kunst gerieten in Vergessenheit. Das Haus verfiel, der Garten verwilderte und Bonn schaute weg. Die Stadt schien den berühmten Expressionisten vergessen zu haben.
Rein zufällig entdeckte die damalige Direktorin des Bonner Kunstvereins, Margarethe Jochimsen, 1987 an der alten Hauswand eine verschmutzte Bronzetafel mit dem Hinweis, dass dieses Gebäude das ehemalige Wohn- und Arbeitshaus von August Macke war. Die Erben hatten das Haus ihrer Eltern nach dem Tod der Mutter an einen Berliner Bauunternehmer verkauft.
„Es hatte durchs undichte Dach hereingeregnet, die Wände waren marode und das Haus war in einem Zustand, von dem wir sagten, das kann so nicht weitergehen", erinnert sich Hermann Neusser, ein Bonner Verleger. Es musste etwas passieren. Es war bereits fünf Minuten vor zwölf. Das Haus sollte als

Denkmal erhalten werden, und nicht, wie geplant, vom neuen Besitzer zu einer Gaststätte umgebaut werden. Es folgten zähe und lange Verhandlungen mit der Stadt.
„Das Macke-Haus muss Gedenkstätte werden", war das erklärte Ziel von Margarethe Jochimsen. Die nötige finanzielle Unterstützung für diese Riesenaufgabe erhielt die Stadt durch das Land NRW und den Bauunternehmer Herbert Hillebrand. Endlich – 1989 – kaufte die Stadt das marode Anwesen. „Ohne auch nur einen Pfennig dafür bezahlt haben zu müssen", wie Margarethe Jochimsen in der Macke-Haus-Chronik schreibt. Um die Entkernung des Hauses oder gar einen Abriss zu vermeiden, wurde in einer aufsehenerregenden Rettungsaktion das gesamte Anwesen unter Denkmalschutz gestellt.
Kurz darauf stellte sich heraus, dass die Stadt die Betreuung dieses Gebäudes als Gedenkstätte nicht übernehmen konnte oder wollte. Sie schlug deshalb vor, mit einigen engagierten Bürgerinnen und Bürgern einen Verein zu gründen, um die Nutzung des Hauses als Gedenk- und Forschungsstätte zu gewährleisten. Nach vielen Diskussionen und Gesprächen gründeten 21 engagierte Bonner im September 1989 den Verein August Macke Haus e. V. Dessen erste Aufgabe war es, die Stadt bei den Restaurierungsarbeiten zu beraten. Haus und Garten sollten in den ursprünglichen Zustand versetzt werden. Im Zuge der aufwendigen Renovierungsarbeiten konnte sogar das Atelier wie zu Mackes Lebenszeiten wiederhergestellt werden. Das sogenannte blaue Zimmer wurde farbenprächtig und lichtdurchflutet gestaltet.
Bereits am 25. September 1991 wurde das innen und außen renovierte Macke-Haus im Beisein von Ministerpräsidenten Johannes Rau feierlich eröffnet. Trägerin und Eigentümerin des Hauses ist seit 1994 die Stiftung August-Macke-Haus der Sparkasse in Bonn. Sie kaufte der Stadt das gesamte Anwesen zu

einem symbolischen Preis von einer DM ab. Aufgaben der Stiftung sind der Erhalt des Hauses und die Übernahme der laufenden Betriebskosten. Für das künstlerische Programm ist der Verein August-Macke-Haus e. V. verantwortlich.
Was jetzt noch fehlte war die Ausstattung des Hauses mit den ursprünglichen oder wenigstens authentischen Möbeln. Aber vor allem mit Werken von August Macke. Mit Reproduktionen zahlreicher Werke versuchten die Verantwortlichen vorerst die Besucher für das neue und einmalige Museum zu begeistern. Leider erfolglos. Die Bonner waren enttäuscht.
„Es war uns von vornherein klar, dass wir keine eigene große Sammlung aufbauen konnten, das wäre zu teuer geworden, dafür waren wir auch zu spät dran", erinnert sich Hermann Neusser an die Anfangsphase und erwähnt die bereits vorhandene und sehr gute städtische Macke-Sammlung im Bonner Kunstmuseum. Das Macke-Haus war auf Mitstreiter angewiesen. Dem Museum mangelte es an Renommée und damit an dem Vertrauen potenzieller Leihgeber. Außerdem fehlten die notwendigen klimatischen und sicherheitsrelevanten Einrichtungen. Schließlich gelang es dem Verein, durch private Spenden das nötige Kapital für Ankäufe aufzubringen.
In diesem Zusammenhang erinnert Hermann Neusser an einen großen und engagierten Unterstützer: „Ich erinnere mich an einen heißen Sommertag des Jahres 2008, als Guido Westerwelle das Museum besuchte. Er war so erstaunt über das, was hier entstanden war, und sagte sofort: ‚Ich helfe euch!'" Und das hat er getan. Über 1000 Arbeiten, mehrere Nachlässe Rheinischer Expressionisten, unveröffentlichte Tagebücher und Korrespondenzen konnte das Museum schließlich ankaufen. Vieles davon wurde dem Haus geschenkt oder zu moderaten Konditionen als Dauerleihgabe zur Verfügung gestellt. Das Haus beherbergte wieder Kunst.

Im Zuge der geplanten baulichen und inhaltlichen Erweiterung erhielt das Macke-Haus 2017 einen modernen gläsernen Anbau. So können alle Veranstaltungen, Ausstellungen und Präsentationen in einem repräsentativen Rahmen stattfinden. Im ehemaligen Wohn- und Atelierhaus war es zu eng.

Das Macke-Haus ist ein Kleinod, das etwas versteckt im Bonner Norden liegt. Aber wer es besucht, wird Franz Marc recht geben, als er über seinen Freund Macke sagte: „Er hat vor uns allen der Farbe den hellsten und reinsten Klang gegeben, so klar und hell wie sein ganzes Wesen war."

14

RISKANTE ENTSCHEIDUNG

Sommer 1969: Neil Amstrong landet auf dem Mond, 400.000 Hippies feiern in Woodstock und Professor Alfred Gütgemann (1907–1985) betritt in Bonn medizinisches Neuland. Ereignisse, die bis heute in Erinnerung geblieben sind.

Im Sommer 1969 ringt auf der chirurgischen Station der Bonner Universitätsklinik der Student Volkmar G. mit dem Tod. Er leidet an einem aggressiven Leberkrebs und nur ein neues Organ könnte ihn retten. Aber ein derartig riskanter Eingriff wurde in Deutschland noch nie durchgeführt. Selbst in Amerika war die erste Transplantation nicht erfolgreich.

Es war Mittwoch, der 18. Juni. Gütgemann wusste, dass der Student nur noch wenige Tage zu leben hatte. Er dachte über eine Transplantation nach, ein riskanter Eingriff, den bisher niemand in Deutschland gewagt hatte. Gütgemann wollte die erste Lebertransplantation an einem Menschen vornehmen. Volkmar G. und seine Frau waren skeptisch. Sie konnten die Vor- und Nachteile des gravierenden Eingriffs nicht beurteilen. Aber schließlich willigten sie ein, die Hoffnung war einfach stärker, auch wenn sie nur die Wahl hatten zwischen einem baldigen Tod oder einer lebensgefährlichen Transplantation.

Nun musste Gütgemann schnell handeln. Gemeinsam mit seinem südkoreanischen Kollegen Dr. Jong-Soo Lee, der bereits in Amerika bei einer allerdings erfolglosen Lebertransplantation

assistiert hatte, und vierzig weiteren Ärzten und Schwestern bereitete sich Gütgemann auf den historischen Eingriff vor.
„Ich dachte, das sei ein Witz. War es aber nicht", erinnert sich Lee lebhaft. Er wusste zwar von dem tragischen Zustand des Studenten auf der chirurgischen Station, aber nichts von einer passenden Spenderleber. Dr. Lee erinnert sich darüber hinaus an eine weitere hoch riskante Entscheidung des Professors. Gütgemann plante nämlich, dem hirntoten Patienten Rüdiger R. eine gesunde Leber zu entnehmen, obwohl die Blutgruppen von Spender und Empfänger in diesem Fall laut Laborbericht nicht kompatibel waren.
„Uns war bewusst, dass es zu einer hyperaktiven Abstoßung kommen kann", erinnert sich Dr. Lee. Aber Prof. Gütgemann und sein Kollege Lee konnten das Operationsteam mit dem Argument überzeugen, bei einer Lebertransplantation sei diese Gefahr relativ gering, da die Leber ein blutbildendes Organ ist. Die Chance, dass die fremde Leber nicht abgestoßen werden würde, wurde positiv eingeschätzt.
Fünf Stunden dauerte die schwere Operation, ein Meilenstein der deutschen Medizingeschichte. Die erste gelungene Lebertransplantation. Dieser riskante Eingriff war nur durch die jahrelange Forschung und experimentelle Arbeiten von Dr. Lee möglich. Akribisch hatte sich der südkoreanische Assistenzarzt im Keller der Universität mit Tierversuchen auf kommende Transplantationen vorbereitet. Trotz großer Bedenken und Widerstände innerhalb der Klinik. Gütgemann gefiel dessen zielstrebige und ehrgeizige Art und er förderte ihn, wo er nur konnte. Obwohl die Arbeit und Forschung von Gütgemann hohe und breite Anerkennung fanden, beschloss die Klinikleitung zwei Tage vor der geplanten Operation das Transplantationsteam aufzulösen. Trotzdem beauftragte Gütgemann Dr. Lee einen Tag später, die nötigen Vorbereitungen für die Transplantation zu treffen.

Rüdiger R., den nur noch eine Maschine am Leben hielt, wurde die Leber entnommen. Seine Ehefrau und seine Mutter wurden über die geplante Organentnahme nicht informiert. Diese schwerwiegende Entscheidung begründete Professor Gütgemann wie folgt: „Ich wollte die Familie von Rüdiger R. mit der Frage einer Organspende nicht noch mehr belasten."

Volkmar G. überlebte den Eingriff überraschend gut. Die Operation Gütgemanns war eine medizinische Sensation. Aber dieser Erfolg wurde sehr schnell durch juristische Verfahren überschattet. Die Hinterbliebenen von Rüdiger R. verklagten Gütgemann wegen der „Verletzung der Persönlichkeitsrechte in zweifacher Hinsicht" auf 32.000 DM Schadensersatz. Zum einen sei der Wunsch des Verstorbenen nach Art und Weise der Bestattung verletzt worden und zweitens hätten die Hinterbliebenen nicht entscheiden können, was mit dem Leichnam geschehen soll. In einem anonymen Schreiben wurde Gütgemann sogar beschuldigt, einem Lebenden ein Organ entnommen zu haben. Die Situation wurde dadurch erschwert, dass es kein Transplantationsgesetz mit klaren Angaben über Rechte und Pflichten für Patienten und Ärzte gab. So wurde bereits nach einem Jahr das Strafverfahren gegen Professor Gütgemann eingestellt. Die Klage gegen den berühmten Chirurgen wurde abgewiesen. Die Klinik konnte übrigens glaubwürdig nachweisen, dass Rüdiger R. zum Zeitpunkt der Organentnahme bereits 15 Stunden hirntot war.

Sieben Jahre später musste sich Gütgemann in einem Zivilverfahren erneut vor den Hinterbliebenen rechtfertigen. Zwar rügte das Gericht, dass der Mediziner keine Zustimmung für eine Organentnahme eingeholt hatte. Trotzdem wurde die Schadensersatzklage mit der Begründung abgewiesen, „die Rettung des am Krebs erkrankten und vom Tode bedrohten

Volkmar G. habe absoluten Vorrang vor der Unversehrtheit der Leiche von Rüdiger R. gehabt." Volkmar G. überlebte den Eingriff allerdings nur sieben Monate, er starb an den Folgen einer Hepatitis.

Heute werden in Bonn jährlich rund 30 Lebertransplantationen und in Deutschland circa 100 vorgenommen. Die Pionierzeit in der Transplantationsmedizin ist längst vorbei. Dem Bonner Ärzteteam bleibt der Erfolg, auf diesem Gebiet die Ersten gewesen zu sein.

15

STRAßE DER POLITIK

Es war einmal eine kleine Universitätsstadt am Rhein, die den meisten Deutschen kaum bekannt war. Das änderte sich im Mai 1948, als eine historische Entscheidung fiel und Bonn unerwartet zur provisorischen Hauptstadt Deutschlands bestimmt wurde. Mit 33 gegen 29 Stimmen entschied man sich gegen Frankfurt und für Bonn.

Da waren nicht nur die Bonner Bürger überrascht, sondern das ganze Land. Es stand zwar fest, dass Bonn nur als „Wartesaal für Berlin" dienen sollte, wie der Schriftsteller John le Carré die Rentnerstadt beschrieb. Ein temporäres Machtzentrum also bis zur Wiedervereinigung Deutschlands.

Nun gab es jede Menge praktischer Probleme. Es fehlte an Infrastruktur: Kein Telefonkabel, über das man direkt Ferngespräche führen konnte, ein kleiner Hauptbahnhof, kein großer Flughafen usw. Und wo und wie sollten die zwei Kammern des Parlamentes, die zahlreichen Bundesbediensteten, die Botschaften und die Journalisten aus aller Welt in Bonn untergebracht werden? Wo sollten die Menschen wohnen? Schnell war allen Verantwortlichen klar, dass dafür nur die gut ausgestatteten Villen und Gebäude entlang der damaligen Koblenzer Straße infrage kommen würden.

145 Staatsgäste fuhren in gepanzerten Limousinen zum Kanzleramt oder zur Villa Hammerschmidt. Die Koblenzer Straße, eine 1,8 Kilometer lange Asphaltstraße, wurde zur Straße der

Macht. 1967, nach dem Tod des ersten Bundeskanzlers Konrad Adenauer, wurde dieser Straßenabschnitt in Adenauerallee umbenannt. Im Volksmund hieß sie Straße der Millionäre.
Für den Beginn der parlamentarischen Arbeit bot sich das unzerstörte Naturkundemuseum König an. Das Palais war 1898 für die zahlreichen Tierpräparate des Zoologen Alexander König erbaut worden. Nun erhielt das Museum eine neue Funktion und es wurde der Arbeitssitz des Parlamentarischen Rates, der das Grundgesetz entwarf und beschließen sollte. Bundeskanzler Konrad Adenauer bezog 1949 mit seinem Kanzleramt ebenfalls einige Räume im Museum König, in dem auch die ersten Abteilungen des Auswärtigen Amtes untergebracht wurden. Wohl fühlte sich in diesem Museum niemand, denn der Geruch nach präparierten Tieren war sehr unangenehm. Nach einer gründlichen Restaurierung zog das Kanzleramt schließlich in das Palais Schaumburg auf der anderen Straßenseite, ein weißes Stadtpalais aus dem 19. Jahrhundert. Neben den Diensträumen gab es ein kleines privates Appartment für Adenauer. In unmittelbarer Nachbarschaft des neuen Kanzleramts wurde die prächtige Villa Hammerschmidt für den künftigen Bundespräsidenten hergerichtet.
Es fehlten aber Räumlichkeiten für die meisten Ministerien und Ämter. In Villen und Häusern entlang der späteren Adenauerallee wurden die Büros auf Gängen, in Kellern und sogar Badezimmern notdürftig eingerichtet. Als erstes Ministerium wurde 1954 das Postministerium in einem historischen Bürgerhaus untergebracht. Ein Jahr später zog ein paar Meter weiter das Auswärtige Amt ein. Einige prächtige Villen wurden abgerissen, um Platz zu schaffen für einen neuen, grauen, langgestreckten Zweckbau mit endlosen Fluren und fast tausend schlichten Büros. Funktional, aber nicht schön. Macht nichts, Bonn galt ja nur als provisorische Übergangslösung. Daher beschloss der

Bundestag 1956, keine neuen Gebäude in Bonn zu errichten. Erst mit dem Mauerbau 1961 manifestierte sich die Spaltung Deutschlands und die Hoffnung schwand, in Berlin regieren zu können. Spätestens jetzt brauchte man sehr schnell funktionale Gebäude. Der Ausbau der Stadt begann.
Die zahlreichen Botschaftsgebäude brachten Glanz und Internationalität in die ehemals ruhige und beschauliche Koblenzer Straße, wobei dieser Straßenabschnitt von den Bonnern gerne als „Diplomatenrennbahn" bezeichnet wurde. Seit 1954 fuhren regelmäßig die Großen und Mächtigen dieser Welt hier entlang, begleitet von den „weißen Mäusen", Bonns motorisierten Polizisten. Die Menschen standen staunend am Straßenrand und winkten den Staatsgästen zu. Die Straße war aber nicht nur der Weg zur Politik, sondern führte ebenso zu glanzvollen gesellschaftlichen Ereignissen. In den Landesvertretungen und Botschaften gab es schließlich regelmäßig Empfänge, Cocktailveranstaltungen und Feste.
In der Stadt entwickelte sich nach und nach eine Art Mischung aus provinziellem und mondänem Lebensgefühl. So ist es nicht verwunderlich, dass Bürger und Politiker in Lokalen, auf Sportplätzen und sogar in der Sauna zwanglos aufeinandertrafen. Ein Zeitzeuge berichtet amüsiert, dass er gemeinsam mit Richard von Weizsäcker schwitzte. Bei alledem blieb die Straße der Macht viele Jahre eine ganz normale Straße. Ab den 60er-Jahren bekam die Allee ein moderneres Gesicht. Rechts und links entlang der Adenauerallee wurden moderne Beton- und Glasbauten errichtet, wie zum Beispiel das Juridicum und die Landesbibliothek. Damit gehörte die Adenauerallee nicht nur den Politikern, sondern auch den Studenten. Bundeskanzler Ludwig Erhardt ließ für sich und seine Nachfolger im Park der Villa Schaumburg einen modernen gläsernen Bungalow mit einem Schwimmbad im Garten bauen. Seitdem wurde die

Kanzlervilla im Volksmund Palais Schaumbad genannt. Das Verkehrsnetz wurde modernisiert. Die Straßenbahn, die durch die Adenauerallee fuhr und nicht so gut in das damalige Bild einer Hauptstadt passte, wurde ab 1967 durch eine unterirdische Stadtbahn ersetzt.

Allmählich verblasste die Hoffnung auf eine baldige Wiedervereinigung und Bonn platzte aus allen Nähten. Deshalb beschloss die Stadt, ein modernes Regierungsviertel zu bauen. Die neuen Hochbauten und das Abgeordnetenhaus „Langer Eugen" veränderten den Charakter der Stadt.

In den 70er-Jahren endete die gewohnte Beschaulichkeit. Die RAF versetzte das ganze Land mit Anschlägen in Angst und Schrecken. Das Kanzleramt wurde aus Sicherheitsgründen aus der veralteten Villa Schaumburg in einen schmucklosen Neubau verlegt. Die neue Machtzentrale wurde mit einem Krisenzentrum, einem abhörsicheren Nato-Saal und einem unterirdischen Schutzbunker ausgestattet. Auf der Straße patrouillierten Beamte des Bundesgrenzschutzes und die Polizei. In der Adenauerallee herrschte Angst vor Terroristen und einer atomaren Katastrophe.

In den 80er-Jahre sprach kaum jemand mehr von Bonn als provisorischem Wartesaal und an eine Wiedervereinigung glaubten selbst die meisten Politiker nicht mehr. In diesem Jahrzehnt wurde die Stadt zum Schauplatz des Widerstands. 1981 fand die erste große Friedensdemonstration in Bonn statt, mit der etwa 300.000 Menschen gegen den Nato-Doppelbeschluss protestierten. Weitere Großdemonstrationen sollten folgen. Sammelpunkt war der Hofgarten und der Weg dorthin führten die Menschen durch die Adenauerallee.

Zu einem Glanzstück für Bonn wurde, nur einen Katzensprung vom Regierungsviertel entfernt, die Museumsmeile mit dem Haus der Geschichte, einem Wunschprojekt des damaligen

Bundeskanzlers und Historikers Helmut Kohl. Die Planungsarbeiten verzögerten sich erheblich und mit dem ersten Bauabschnitt wurde nach langen Diskussionen erst Anfang 1989 begonnen. Es folgten der Schürmannbau und der neue Plenarsaal. Und genau zu dieser Zeit fand die Wiedervereinigung statt. Unmittelbar nach dem historischen Fall der Mauer wurde Berlin zur neuen Hauptstadt ernannt. Bereits 1991 wurde der Umzug des Bundestages und der Regierung vom Rhein an die Spree beschlossen. Wieder eine Entscheidung, mit der niemand in Bonn gerechnet hatte. Die Stadt war im Schockzustand. Zum Trost bekamen die Bonner als Alleinstellungsmerkmal den Titel „Bundesstadt" zuerkannt.

Einige Ministerien blieben in Bonn und andere Behörden kamen hinzu. 1995 entstanden aus dem Bundesministerium für Post und Telekommunikation die Telekom AG, die Post AG und die Deutsche Postbank. Die Büros der Vereinten Nationen wurden nach und nach erweitert. Die Straße der Macht wurde zu einer Straße der Geschichte. Nur die Villa Hammerschmidt, der zweite Amtssitz des Bundespräsidenten, strahlt nach wie vor etwas Erhabenes und Besonderes aus. Gleichwohl: Bonn hatte das Glück, Hauptstadt zu werden, und das Glück, nach dem Umzug der Regierung reich beschenkt zu werden. Der Stadt geht es heute besser als zuvor, eine wandlungsfähige Stadt, die nie klein sein wollte und es auch nie war. Danke Bonn – schön waren die 50 Jahre als Regierungssitz am Rhein.

16
TOUR DE CHARME

„Von ganzem Herzen danke ich ihnen, Herr Bürgermeister. Es ist mir eine große Freude und große Ehre, in Ihrem Lande empfangen zu werden. (...) Denn in der Welt von heute haben unsere beiden Völker ein umfassendes und bedeutsames Werk gemeinsam zu vollbringen. (...) Sie können versichert sein, dass in Frankreich, wo man beobachtet und verfolgt, was jetzt in Bonn geschieht, eine Welle der Freundschaft in den Geistern und in den Herzen aufsteigt und um sich greift. Es lebe Bonn, es lebe Deutschland, es lebe die deutsch-französische Freundschaft."

Es ist Mittwoch, der 4. September 1962, und es ist drückend heiß in der Stadt. Charles de Gaulle ist auf Einladung des Kanzlers Konrad Adenauer zu einem sechstägigen Besuch nach Deutschland gekommen. Bonn wird nach dieser Rede für immer Mittelpunkt eines historischen Augenblicks sein.

Für seine erste Staatsvisite hat sich de Gaulle ein Mammutprogramm auferlegt. Das in Bonn vorgeschlagene Besuchsprogramm, das lange Ruhepausen für ihn vorsah, wischte er gekränkt beiseite: „Er wolle keine Erholungsreise machen." Großes Kopfzerbrechen bereitete dem Bonner Protokollchef die geeignete Unterkunft für den Staatsgast. Zum Glück stand für die geplanten drei Nächte in Bonn bereits ein Spezial-Bettgestell von 220 x 170 Zentimeter in der Residenz des französischen Botschafters auf Schloss Ernich zur Verfügung, wo de Gaulle logieren sollte. Für die weiteren Nächte in Hamburg und München musste noch eine Lösung gefunden werden.

Große Aufregung herrschte ein paar Stunden vor der Ankunft des Gastes auf dem Flughafen Köln-Wahn. Der gepanzerte Mercedes 600, den sich die Regierung in Untertürkheim extra ausgeliehen hatte, sprang nicht an. Vergeblich versuchten 20 weiße Mäuse, der Begleitschutz der Polizei, den Viereinhalbtonner mit Muskelkraft flottzumachen – leider ohne Erfolg. So musste die Standarte mit dem Lothringer Kreuz notgedrungen auf den Wagen von Premierminister Georges Pompidou gesetzt werden, damit der Präsident standesgemäß abgeholt werden konnte.

Es ist der Beginn einer sechstägigen „Tour de Charme" von Charles de Gaulles (1890–1970) und seiner Frau Yvonne (1900–1979) durch die Bundesrepublik Deutschland und der Gegenbesuch zu Adenauers Frankreichreise ein paar Monate zuvor. Dabei hatten die beiden Staatshäupter in der Kathedrale vom Reims Versöhnung gefeiert, der Stadt, in der im Mai 1945 die deutsche Kapitulationsurkunde unterzeichnet worden war.

Die Deutschen empfangen de Gaulle mit Jubel und Begeisterung. Überall, wo de Gaulle spricht oder auftaucht, herrscht eine regelrechte Volksfeststimmung. Adenauer steht freudestrahlend neben dem Franzosen und genießt das Bad in der Menge. Einige Journalisten meinen sogar, der Bundeskanzler sehe aus wie ein glückliches Mädchen nach dem ersten Kuss.

Auch der 17-jährige Gymnasiast Andreas ist aufgeregt und will dieses Ereignis nicht verpassen. Anstatt zur Schule fährt er an diesem Tag unentschuldigt in die Innenstadt. Auf dem Marktplatz ist kein Durchkommen mehr. Mehr als 30.000 Bonner warten geduldig auf den französischen Staatspräsidenten. De Gaulle geht bei seinem Besuch in Bonn unter die Menschen, streckt ihnen seine Hände entgegen und ruft: „Da habt ihr mich. Wir gehören zusammen." Und zum Schluss sagt er. „Ich beglückwünsche Sie ferner, junge Deutsche zu sein, das heißt (...) Kinder eines großen Volkes – jawohl, eines großen Volkes – das manchmal im Laufe seiner Geschichte große Fehler begangen hat, ein Volk, das aber auch der Welt fruchtbare, geistige, wissenschaftliche, künstlerische, philosophische Wellen beschert hat!" Seine freie Rede, die er in perfektem Deutsch vom Bonner Rathausbalkon hielt, löste bei den Menschen schiere Verzückung aus. Nie wieder flogen einem ausländischen Präsidenten die Herzen so begeistert zu.

„Nach diesem unvergesslichen Nachmittag lernte ich mit großem Eifer Französisch und wurde Austauschschüler des Deutsch-Französischen Jugendwerks. Und ich habe die Memoiren de Gaulles auf Französisch gelesen", so beschreibt der ehemalige Schüler Andreas den Einfluss dieser Rede auf sein Leben. Und wie ihm erging es vielen Menschen. Denn de Gaulle sprach laut und deutlich vom „großen deutschen Volk". Sein Besuch glich einer Charmeoffensive. Auf seiner weiteren Reise durch Deutschland nannte er Düsseldorf „diese schöne, große, fleißige Stadt". Er bezeichnete München als „liebenswerte und prachtvolle Hauptstadt". Als de Gaulle nach sechs Tagen die Bundesrepublik verließ, war der 71-jährige Staatsmann erschöpft, etwas heiser, „aber glücklich", wie er zum Abschied versicherte.

De Gaulle verband mit dem Besuch nicht zuletzt die Hoffnung und Absicht, in Deutschland einen Partner gegen die kommunistische Bedrohung aus dem Osten zu finden. Die Atmosphäre während des Besuches war so entspannt, dass beide Seiten am Ende vereinbarten, diese guten Beziehungen mit einem Vertrag zu festigen. Vier Monate später wurde der Élysée-Vertrag unterzeichnet. Auf der Grundlage des deutsch-französischen Freundschaftsvertrag werden seitdem alle wichtigen Fragen der Außen-, Sicherheits-, Jugend- und Kulturpolitik regelmä-

ßig gemeinsam besprochen und gefördert. Eine neue Zeit war angebrochen.
Vor mehr als einem halben Jahrhundert wurden in Bonn mit einer glücklichen Aussöhnung und zahlreichen deutsch-französischen Projekten die Weichen für eine neue Zeit gestellt. Ein Glücksfall über die Staatenfreundschaft hinaus.

11

WENN DIE GLOCKEN BELLEN

Brauchtum oder Tradition, das klingt nach gestern, altmodisch und nach Dorf. Wer braucht denn Brauchtum? Brauchtum erzählt Geschichten und erklärt Geschichte, sowie Karneval oder kirchliche Feiertage. Und es gibt Brauchtum, das in Vergessenheit geraten ist. Neue Rituale entstehen oder vergehen für immer, weil sich die Gesellschaft verändert. Niemand achtet in den Raunächten mehr darauf, keine Wäsche zu waschen oder am Weihnachtsabend niemals schmutziges Wasser auszugießen, damit der Familie ein tränenreiches Jahr erspart bleibt. Doch ein Blick zurück lohnt sich und kann das Interesse am „Alten" wecken. Vielleicht lässt sich auf diese Weise historisches Wissen bewahren, damit es nicht verloren geht. Ein Beispiel dafür, dass dies gelingt, ist die Kunst des Beiern, ein mittelalterlicher Brauch, der im Siebengebirge praktiziert wird.

Das Beiern ist eine hohe Kunst, körperlich anstrengend und erfordert echte Handarbeit im Glockenturm. Als Beiern wird das rhythmische Anschlagen einer ruhenden Glocke bezeichnet. Die einfachste Technik besteht darin, die Kirchenglocke mit einem Hammer zu schlagen. Größeres Können wird von einem Beiermann gefordert, wenn der Klöppel bis kurz vor den Glockenrand gezogen und mit Seilen am Glockenstuhl arretiert wird. Man zieht fest und die Glocke erklingt. Und dafür braucht man enorme Muskelkraft. Beiern kann eine Person allein oder mehrere beiern gleichzeitig, das hängt von der Konstruktion der Glockentürme und der Erreichbarkeit der Glocken ab. Oft sind komplizierte Seilführungen für das Anschlagen erforderlich. Um die tonnenschweren Glocken und Klöppel zum Klingen zu bringen, reicht die Kraft einer Person meistens nicht aus. Ganz gleich, ob eine oder unterschiedlich helle oder dunkle Glocken gebeiert werden, es klingt deutlich anders als das gewohnte alltägliche Glockenspiel. Wie ein Bellen wird es oft beschrieben. Vielleicht, weil sich der Begriff „beiern" vom nordfranzösischen Wort „baier" ableitet, das so viel wie „bellen oder anschlagen" bedeutet, wie der Dersdorfer Beierexperte Horst Bursch herausgefunden hat.

Das Glockenbeiern erfährt an vielen Orten eine Wiederbelebung. Wie 1999, beim ersten organisierten Treffen von Beier-Leuten durch das Erzbistum Köln. Der mittelalterliche Brauch wird aber auch in einigen Orten im Siebengebirge gepflegt. Vor allem in Nieder- und Oberdollendorf, in Oberpleis und seit einigen Jahren auch in Heisterbacherrott erklingen aus den Kirchtürmen Beier-Konzerte. Viel Erfahrung und Gefühl ist notwendig, wenn durch das abwechselnde Anschlagen der Glocken mit einem Hammer ein klanglich harmonisches Glockenspiel erklingen soll. Es gibt keine festgelegte Zahl von Anschlägen, keine festgelegte Dauer. Je mehr Glocken im Kirchturm vorhanden sind, je enger und charakteristischer die Intervalle der Tonhöhen sind, umso eindrucksvoller und origineller kann gebeiert werden.

Dabei gehört es zur Tradition, Sprüche passend zum Rhythmus der Glockenschläge zu singen. Melodie und Rhythmus der Beierstücke werden oft mit witzigen oder ironischen Versen und Texten unterlegt. So wurde auf den ehemaligen Niederdollendorfer Beiermann Limbach ein Spottvers gesungen:

„De Limbach küt, de Limbach küt, dä wel en noie Frau ham. Er kret ere keen, …"

Und in Küdinghoven gibt es einen Beiervers, der sich darauf bezieht, dass die Beiermänner nach dem Glockenspiel ein Reisbreigericht serviert bekamen. Daher könnte der Spruch stammen: *„Bränk Löffele heer, bränk Löffele heer."*
Zum Abschluss des jährlichen Winzerfestes erklingen die Glocken in der St.-Remigius-Kirche in Königswinter eine Stunde lang. Das war nicht immer so. Erst als Winfried Clarenbach 2017 in seine Heimatstadt zurückgekehrte, wurde die Beiertradition wieder lebendig. Clarenbach entdeckte alte Zugvorrichtungen an den Glocken im Kirchturm, die zum Beiern notwendig sind. Zum Glück konnte Clarenbach alles instand setzen. Und so schlägt er mit Gleichgesinnten die schweren Glocken in St. Remigius melodisch nach alter Tradition, aber ohne Texte. Er hat sich vorgenommen, den alten rheinischen Brauch des Glockenbeierns in einigen Ortsteilen von Königswinter und Bonn wiederaufleben zu lassen. Gebeiert wird hauptsächlich zu hohen kirchlichen und weltlichen Anlässen. So wird es öfters ein Beierkonzert vom Turm der Christuskirche mit den fünf neuen Bronzeglocken geben.
Im Bonner Raum ist dieser Läutebrauch, wie das Beiern auch gerne genannt wird, sehr lebendig. So wird in Mehlem am Weißen Sonntag, Fronleichnam, zur Kirmes und am Patronatsfest der St.-Sebastianus-Schützenbruderschaft gebeiert. Nach einer örtlichen Sage wurde früher auch am Karnevalsdienstag gebeiert. Es wird erzählt, dass der Mehlemer Bürger Heinrich im 19. Jahrhundert am Fastnachtsdienstag um 12 Uhr hingerichtet wurde. In seinem Testament verfügte er, dass aus den Erträgen seines Weinguts jährlich an seinem Todestag durch Beiern seine Unschuld verkündet werden soll. Das wurde

lange Zeit so gemacht. Nun wechselten aber die Grundbesitzer mehrmals und mit der Zeit wollte niemand mehr das Servitut übernehmen, für Heinrich zu beiern. Außerdem verlangte der letzte Besitzer des Weinberges einen schriftlichen Beweis, dass er zum Beiern verpflichtet sei. Leider ließ sich ein derartiges Dokument nicht mehr finden. Seitdem wird in Mehlem freiwillig geläutet, um die schöne Tradition des Beierns und die Erinnerung an Heinrich zu erhalten.

Nur während der stillen Karwoche können und dürfen die Beiermänner nicht läuten. Denn glaubt man der Überlieferung, dann fliegen die Kirchenglocken in der Karwoche nach Rom, um sich mit Milchbrei zu stärken oder zu beichten. Was für ein Glück, dass sie am Ostersamstag wieder zurück sind. Somit können die Glockenfreunde aus dem Siebengebirge das Osterfest feierlich einläuten.

18 ZEILEN ZU VERSCHENKEN

Er steht in keinem Wohnzimmer, ist aber meistens leicht erreichbar, für jedermann zugänglich und kann Tag und Nacht genutzt werden. Man braucht keine Mitgliedschaft, zahlt keine Beiträge und hat keine Leihfristen. Der öffentliche Bücherschrank ist eine Erfolgsgeschichte für Bonn und Deutschland. Ziel ist ein Austausch zwischen Lesenden, der einem gebrauchten Buch im besten Fall zu einem zweiten oder gar dritten Leben verhilft. Die schmalen, schlanken, wetterfesten Bücherschränke werden gerne als „Büchertankstellen" bezeichnet. Als Träger firmieren meistens Vereine, Stiftungen oder Privatpersonen. Seinen Ursprung verdankt der öffentliche Bücherschrank den beiden amerikanischen Künstlern Michael Clegg und Martin Guttmann. Sie funktionierten Anfang der 90er-Jahre Stromschaltkästen zu „offenen Bibliotheken" um.

In Bonn begann alles in der Poppelsdorfer Allee. Es war der Auftakt zu einem Kunstprojekt im öffentlichen Raum zur Feier des 10-jährigen Jubiläums der Bürgerstiftung Bonn. Der offene Bücherschrank und die Idee, Bücher kostenlos und anonym mitzunehmen oder einzustellen, wurde ein voller Erfolg. So wie zum Beispiel in Buschdorf. Der Schrank steht an einem Rondell, unter schattigen Bäumen mit Sitzgelegenheiten, die zum Lesen und Schmökern einladen. Ehrenamtliche Schrankpaten sorgen dafür, dass alles gepflegt und lesbar bleibt. Allen Negativprognosen zum Trotz. Auch Stephanie kommt nach Buschdorf, um

ein Buch einzustellen. Sie hat eine besondere Leidenschaft. „Jeden Monat besuche ich einen Bücherschrank, lese das Buch, danach schreibe ich in meinem Blog darüber und stelle es mit einem Brief in einen anderen Schrank zurück."
Zum Glück gibt es bereits 19 offene Bücherschränke in Bonn und der 20. soll laut Bürgerstiftung bald folgen. Wie beliebt diese öffentliche Bibliothek ist, zeigt sich am Beueler Rheinufer. Dort hatten Unbekannte den beliebten Bücherschrank angezündet. Bereits zwei Wochen später stellten engagierte Nachbarn und Bürger einen neuen auf. Die Bücher werden jetzt von ehrenamtlichen Helfern regelmäßig geordnet, geradegerückt und erneuert. Das hilft gegen Vandalismus.
In Bonn wurde es 2003 ganz offiziell: Die Bürgerstiftung weihte an der Poppelsdorfer Allee den ersten öffentlichen Bücherschrank Deutschlands ein. Nur zum Vergleich: In Großbritannien gibt es 13, in Frankreich und Spanien aber jeweils nur landesweit einen einzigen. Der offene Bücherschrank ist eine deutsche Leidenschaft.
Bonn ist eine Lesestadt. Genaue Zahlen über Nutzer und Spender gibt es leider nicht. Eine Studie der landwirtschaftlichen Fakultät für Haushalts- und Konsumökonomik der Universität Bonn stellte fest, dass mehrheitlich Frau ab 45 Jahren Bücher einstellen und hauptsächlich Männer unter 30 Jahren die kostenlose Lektüre ausleihen. So wird geistige Nahrung in aller Öffentlichkeit umverteilt. In Bonn verschenken Senioren mehr Bücher, als sie persönlich herausnehmen. Bei den Jüngeren ist es genau umgekehrt. Wahrscheinlich liegt es an dem Gefühl, dass jedes Buch einen interessierten Leser finden wird. Allen Leseratten, die ihre ausgelesenen Bücher nicht mehr nur abstauben, aber auch nicht wegwerfen möchten, gibt der öffentliche Bücherschrank ein gutes Gefühl.

Nach einer Umfrage der online Zeitschrift börsenblatt.net sind 37 Prozent der Befragten der Meinung, dass öffentliche Bücherschränke das Buchgeschäft beleben. 63 Prozent meinen, dass sie sich umsatzschädigend auswirken. Tatsächlich werden die Angebote stark genutzt. Alle zwei Tage sind die Schränke mit rund 250 Titeln komplett neu befüllt, so die Schätzung von Jürgen Reske, Geschäftsführer der Bürgerstiftung Bonn: „Ich sage immer, wenn ich ein Telefonbuch von 1972 einstellen würde, wäre das irgendwann auch weg." Wahrscheinlich. Denn erfahrungsgemäß findet sich in Bücherschränken selten aktueller Lesestoff. Dafür viele zerlesenen Reisebücher, Zeitschriften, Magazine, alte Ratgeber und populäre Romane der 60er- und 70er-Jahre. Aber selten Erstausgaben.
Der Bücherschrank in der Poppelsdorfer Allee hat einiges zu bieten. Er beherbergt nämlich eine kleine magnetische Dose namens GCYZR8. Wer keinen Lesestoff sucht, sucht vielleicht diese Dose. Geocachen ist eine unterhaltsame „Schatzsuche", bei der man zwangsläufig einen Blick in den Bücherschrank werfen muss. Vielleicht nimmt der eine oder andere Geocacher dann doch noch das eine oder andere Buch mit nach Hause. Und wem nicht gefällt, was er im Vorbeigehen und auf die Schnelle mitgenommen hat, stellt das Buch einfach wieder zurück. Den Nächsten macht es vielleicht glücklich.
„Wenn du einen Garten und eine Bibliothek hast, wird es dir an nichts fehlen", sagte einmal der römische Philosoph Marcus Tullius Cicero. In Bonn können sich die Bürger glücklich schätzen. Denn die zahlreichen öffentlichen Bücherschränke liegen in Parkanlagen, an lauschigen Plätzen und am Rhein.

19

ANRÜCHIG UND ROSAROT

Ich bin Patentante mit Begeisterung und Leidenschaft. Freiwillig und aus Überzeugung. Aber vor allem, weil es nötig ist. Mein Patenkind wächst mitten in Bonns schönstem Garten auf und gedeiht prächtig. Als der österreichische Forscher Josef Rock vor 80 Jahren die Vorfahren meines Patenkindes in einem chinesischen Kloster entdeckte, hätte sicherlich niemand vermutet, dass ich heute Verantwortung für so ein zartes Familienmitglied übernehmen würde. Seit zwei Jahren lebt es nun in Bonn und wird liebevoll gehegt und gepflegt. Ein paarmal im Jahr sehen wir uns und um Pfingsten herum blüht es auf und sein rosa Kleid ist eine wahre Pracht. Für mein Patenkind hätte es keinen besseren Ort geben können als die Botanischen Gärten der Universität Bonn. Er ist eine der ältesten Gartenanlagen Deutschlands und seine Geschichte reicht bis in das 16. Jahrhundert zurück.

Wo heute über 11.000 Pflanzenarten auf 12 Hektar blühen und wachsen, befand sich im Mittelalter eine Wasserburg, die seit 1340 den Kurfürsten von Köln gehörte. Mitte des 17. Jahrhunderts wurde, wie in Europa üblich, ein Renaissancegarten mit Orangerien nach französischem Vorbild angelegt. Ein Lustgarten, der über zwei Jahrhunderte den Kurfürsten als Oase der Entspannung und Zerstreuung diente. Später entschied man, die kurfürstliche Anlage zu einem Barockgarten umzugestalten. Dazu gehörten zahlreiche exotische Bäumen, Sträucher

und Blumen, die man zum Teil noch heute in der Gartenanlage bestaunen kann. Zur Zeit von Kurfürst Clemens August von Bayern wurde 1746 anstelle der alten Wasserburg das Rokokoschloss Clemensruhe erbaut und es wurde ein Wahrzeichen der Stadt Bonn.
Als die Preußen in Bonn regierten, übergaben sie das Schloss und den angrenzenden Park 1818 der gerade gegründeten Universität Bonn. Der erste Direktor Christian Nees von Esenbeck wurde beauftragt, den alten Park zu einem Botanischen Garten umzugestalten, ohne seine Grundstruktur zu verändern. Daher finden heutige Besucherinnen und Besucher Elemente sehr alter Pflanzkulturen. Die Anlage besteht aus drei Gärten und gilt als eine der schönsten und traditionsreichsten in Deutschland. Die Botanischen Gärten dienen in erster Linie der Forschung und Lehre, sind aber auch eine Oase, eine grüne Lunge, ein blühender Park und ein Abbild der weltweiten Flora.
Bis dahin war es ein langer und mühsamer Weg. Wie schwer, entbehrungsreich und abgeschieden von der Stadt sie lebte, beschreibt Elisabeth Nees in einem Brief an einen Freund im Januar 1820: *„(…) Ich lebe völlig einsam hier im Schlosse mit meinen Kindern, Nees [gemeint ist ihr Ehemann Christian, Verf.] ist in der Stadt zurückgeblieben; außer mir mein Schwager, Inspektor des Gartens und Prof. Goldfus, mit dessen Familie ich doch wenig Verkehr habe. Wind und Regen schlagen durch die zerklüfteten Fenster, und Schutt (…) Neben meinem Wohnzimmer die ehemals heitere Schlosskapelle, jetzt von Goldfuß für die Abtheilung der Insekten bestimmt. Um das Schloss der botanische Garten. Die Aussicht ist schön aus den oberen Zimmern, vornen die sieben Berge, links der Kreuzberg mit der schönen Kapelle, am Fuß das Dorf. Die Entfernung von der Stadt ist groß genug um selten dahin zu kommen, noch weni-*

ger sehe ich Besuche von dorther." Inzwischen sind die Botanischen Gärten mit ihren zahlreichen Schaugewächshäusern in die Stadt Bonn integriert.
Weltweite Beachtung findet seit vielen Jahren der seltene Blütenmoment des *Amorphophallus titanum*. Dieses faszinierende Schauspiel verdankt die Stadt dem Botaniker Max Koernicke, der den Samen der Titanwurz 1934 von einer Sumatra-Expedition mit nach Bonn brachte. Und es gelang ihm, die größte unverzweigte Pflanze 1937 erstmals in Bonn zum Blühen zu bringen. Spektakulär ist nicht nur ihr enormer Wuchs und die faszinierende Blütenpracht, sondern ihr bestialischer, anrüchiger Gestank während ihrer sehr kurzen Blütezeit. Ein unregelmäßiges Wunder der Natur, das in Bonn mit einem großen Spektakel gefeiert wird.
Natürlich kann es mein Patenkind, Päonie Xiu Tao Hua oder – wie wir sagen würden – der kleine rosarote Pfingstrosenstrauch, mit diesem Superstar aus der Pflanzenwelt nicht aufnehmen. Das ist aber auch nicht wichtig, weil es den Botanischen Gärten in Bonn um Vielfalt, Artenreichtum, die Schönheit und die Geheimnisse der Pflanzenwelt geht. Wie schön, dass mein Patenkind einen dauerhaften Platz fernab seiner Heimat gefunden hat. Das nenne ich Glück.

Weitere Bücher über Ihre Stadt und Regio

Geschichten und Anekdoten
aus dem Siebengebirge
Zwischen 7 Bergen und dem Rhein
Gigi Louisoder
80 Seiten, schw./w. Fotos
ISBN 978-3-8313-2888-8

Weihnachtsgeschichten
aus dem Siebengebirge
Gigi Louisoder
80 Seiten, schw./w. Fotos
ISBN 978-3-8313-3005-8

Dunkle Geschichten aus Bonn
SCHÖN & SCHAURIG
Gigi Louisoder
80 Seiten, schw./w. Fotos
ISBN 978-3-8313-3226-7

Bonn – Die Beethovenstadt
Martin Wein
Farbbildband deutsch / english / français
64 Seiten
ISBN 978-3-8313-2762-1

Wartberg-Verlag GmbH
Im Wiesental 1 | 34281 Gudensberg
www.wartberg-verlag.de

Bücher für Deutschlands Städte und Regi
Tel. 0 56 03-93 05 0
Fax 0 56 03-93 05 28